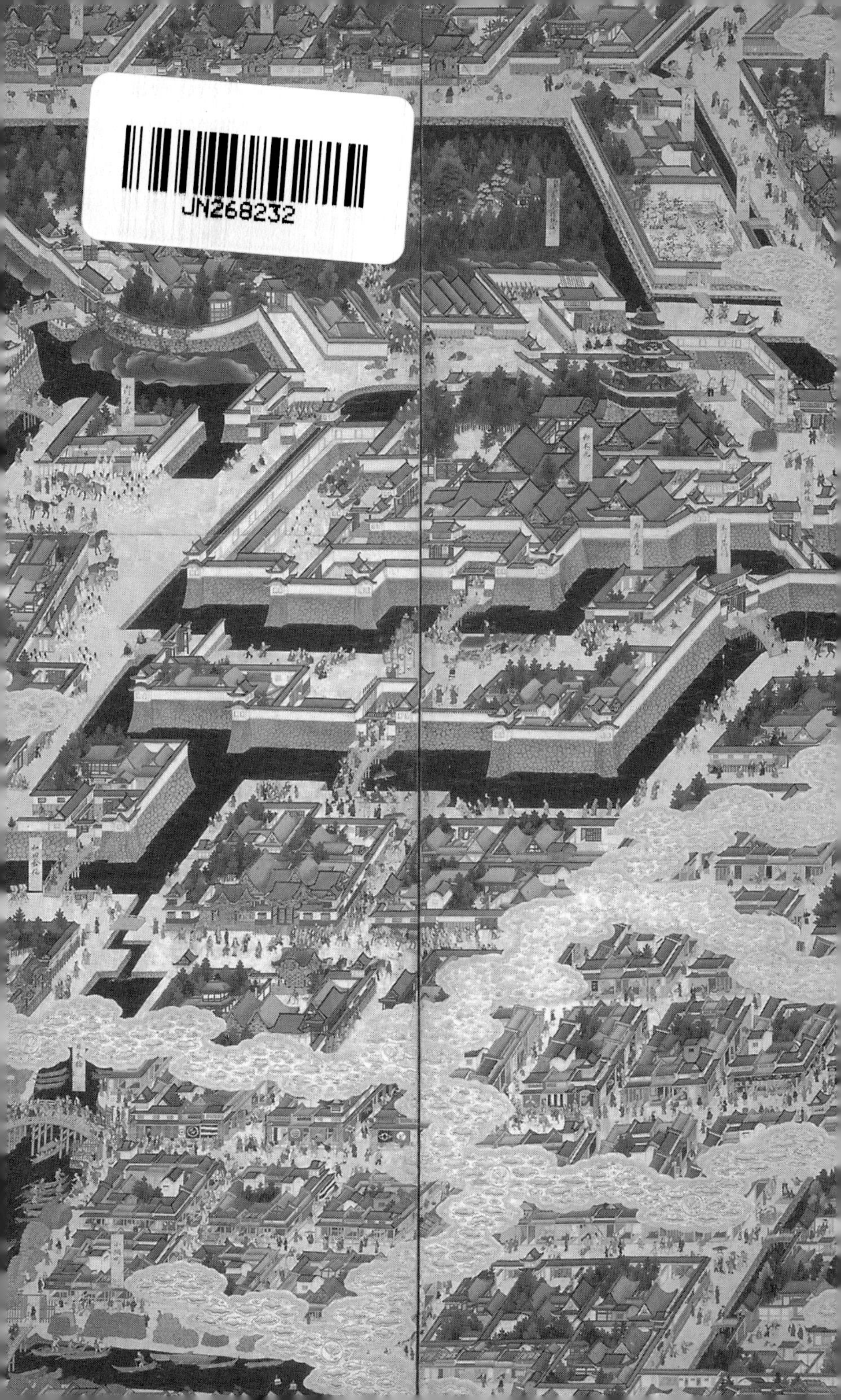

監修者——五味文彦／佐藤信／高埜利彦／宮地正人／吉田伸之

［カバー表写真］
賀茂行幸図
(孝明天皇紀附図)

［カバー裏写真］
後桃園天皇画像

［扉写真］
江戸図屛風

日本史リブレット 36

江戸幕府と朝廷

Takano Toshihiko

高埜利彦

目次

姿の見えない天皇

江戸時代の天皇は姿が見えない。明治天皇が全国に行幸を積極的に行なったことや、修身の教科書に「明治大帝」として頻繁に登場したことで、国民の間に深く広く浸透したのとは対照的である。明治以降の天皇と比較しなくとも、壬申《じんしん》の乱(六七二年)に勝利し、古代の律令制をスタートさせた天武《てんむ》天皇や、女帝である孝謙《こうけん》天皇、あるいは荘園整理令(一〇六九年)を出した後三条天皇、承久《じょうきゅう》の乱で鎌倉幕府と戦い、隠岐に流された後鳥羽上皇や、南北朝期の後醍醐天皇でも、いずれも天皇の姿が前面に見えてくる。

その理由は、天皇が権力を持ってみずから政治を執り行なったり、権力闘争の主役となったたから、その存在感が日本歴史の教科書を通して伝わってきたのであろう。

これに対して江戸時代の天皇は、京都にある禁裏(御所)から出て行幸をすることもなく、また天皇を支え、朝廷を構成する公家たちも、自由勝手な行動は許されていなかった。京都の中の禁裏と公家町に閉じ込められるかのように、幕府の統制を受けていたのだから、江戸時代の歴史の中に天皇の姿を思い浮かべることが容易でないのはやむを得ないことであろう。

その中で唯一の例外は後水尾《ごみずのお》天皇▲である。一六二七(寛永四)年以来の紫衣《しえ》事件とその後の譲位は、幕府に抗議したものと描かれてきた。現在刊行されている日本史教科書を見ると、後水尾天皇だけは記してあるものと、それも記してないものとがある。唯一の例外は『詳説日本史』(山川出版社刊)で、明正《めいしょう》・後桜町・光格《こうかく》天皇も記されているが、これは現行版に変わってからのことである。

江戸時代には後水尾天皇から数えても一四人の天皇(二人の女帝を含む)が存在していながら、大多数の教科書に後水尾天皇以外に一人も描かれなかった▲ことには、大きくいって二つの理由がある。

一つは、近世の天皇・朝廷に関する研究が戦後数十年にわたって停滞してい

▼**後水尾天皇**　二〇〜二六ページ参照。

▼**孝明天皇**　江戸時代最後の孝明天皇は、多くの教科書で近代の幕末維新期の項目で扱われている。

●――**後水尾天皇**　在位1611～1629年
この画像は、1651年に法皇となって以降の姿。

たことによる。一九四五(昭和二十)年の敗戦とともに、それまで続いた天皇を最高権力とする国家体制が終わりを告げ、自由な学問・研究が可能になったにもかかわらず、研究者の間には直前まで苦しめられた天皇制を否定しようとする気持ちのあまり、江戸時代の天皇の歴史的研究をも遠ざける雰囲気をつくってしまった。そのために一九七〇年代以前は、江戸時代の天皇は「へその緒」のような存在で、無力であったという理解ですませてきた。したがって研究の反映する教科書にも、せいぜい後水尾天皇を記すにとどまったのである。

しかし一九七〇年代以降、江戸時代の天皇を研究する必要が求められはじめ、その後着実な研究成果が積み重ねられてきた。その成果がようやく現行版の『詳説日本史』に反映されはじめ、後水尾天皇以外の記述が登場したのである。

歴史研究の状況と、その反映である教科書の叙述が江戸時代の天皇の姿を見えにくくさせたという理由のほかに、もう一つの理由がある。江戸時代という、武士である徳川将軍と大名たちが権力となってつくった国の仕組み(幕藩体制)の性格上、天皇や朝廷には何ら権力が存在せず、前述のように、小さな京都の空間にあたかも閉じ込められたかのように存在し、幕府・大名がつくる国の仕組みの中に、限られた役割を果たす存在として位置づけられた。このような江戸時代そのものの特徴こそが、ほかの時代とは異なり、天皇の姿を隠すことになったともいえよう。

　本書では、姿の見えにくかった江戸時代の天皇や朝廷の存在がどのようなものであったのか、その実態を具体的に描くとともに、それほど無力であった天皇・朝廷が、ではなぜ幕末に浮上して、王政復古という形で明治維新が行なわれるに至ったのか、その理由についても一つの回答を提出できればと考えている。

①――幕府による封じ込め

朝廷の存在意義

徳川将軍が全国の土地を所有し、大名・旗本や寺院・神社などに土地を領知として与え、そのかわりに将軍に対する義務を課すことで国の支配を行なう体制、これを幕藩体制とよぶ。幕府や領知を与えられた大名たちはその地域を支配(領有)し、百姓や職人などから年貢米や労働力を納めさせ、これを財源としていた。

以上の最も基礎的な、いわゆる封建制の仕組みを持つ江戸時代の幕藩体制にあって天皇・朝廷の果たした役割、つまり存在意義はどういうものであったのであろうか。江戸時代を通して整理すると次のようになると思われる。

①将軍や東照権現の権威づけを行なう。勅使が将軍宣下を行なうが、その場合でも、将軍の下座につくのは象徴的である。また東照宮への宮号宣下や毎年の日光奉幣使の派遣など、いずれも将軍や東照権現の権威づけに朝廷はなくてはならないものであった。

②国家安全や将軍の病気平癒のために、仏教・神道・陰陽道《おんみょうどう》▲を駆使して祈禱を行なう宗教的機能をはたした。

③古代以来の機能である元号宣下や官位叙任を行なう機能、役割を持った。官位叙任を通じて身分編成に機能するほかに、神社支配の吉田家・白川家や、陰陽道支配の土御門《つちみかど》家など家職を持つ公家たちが、本所として身分統制の機能をはたした。

④門跡《もんぜき》▲は天台・真言・浄土・修験《しゅげん》の諸宗派の編成をしたり祈禱にあたる。

少なくともこれら①から④の役割を持つ天皇・朝廷は、その前提として古代以来の伝統的な権威を保持しており、徳川政権は天皇・朝廷が独自の権力を持たないようにすることと、他の大名が直接天皇・朝廷と結びつかないように、幕府が朝廷との関係を独占できるように心を配った。そのためには、統一権力確立過程(一六〇〇年の関ヶ原の戦いから一六一五年の大坂の陣の終わるまで)において、まず後陽成《ごようぜい》天皇から後水尾天皇への代替わりを後陽成天皇の意思を通さず、天皇の代替りも徳川家康の意のままにするということを行なっている。これはちょうど豊臣秀吉が、正親町《おおぎまち》天皇の後継天皇に孫の後陽成天皇を擁立したのと

▼**陰陽道**　陰陽五行説などにもとづき、占いや攘災の祓え(上巳《じょうし》の祓えは桃の節句に、夏越《なごし》の祓えは六月三十日に行なう)などを、公家の土御門家を中心に行なっていた。

▼**門跡**　親王宣下を受けた宮門跡と五摂家から入室した摂家門跡があった。一四ページ参照。

共通している。

二つ目として、武家の官位について、一六〇六(慶長十一)年四月二十八日、「武家の者ども官位のこと、御推挙なくんば一円になしくだされまじく」(『慶長日件録《けいちょうにっけんろく》』▲)と、家康の推挙のない武家(大名)の官位叙任を禁止して、武家が直接朝廷と結ぶ道を断ったことである。

一六一五(元和元)年の元和偃武《げんなえんぶ》▲とよばれるまでの過程において、徳川政権は右の二点などを通して、幕府による天皇・朝廷の権威や機能の独占をはかっていった。

禁中並公家諸法度

幕府による天皇権威や朝廷機能の独占のために、一六一五(元和元)年の大坂の陣後、「禁中並公家諸法度《きんちゅうならびにくげしょはっと》」を発布した。その前段階として、二年前の一六一三(慶長十八)年に「公家衆法度」と「勅許紫衣《ちょっきょしえ》の法度」を発布しており、まずそれらから検討しよう。

一六一三年六月十六日に「公家衆法度」が出されたが、五ヵ条のうち主な内容

▼**慶長日件録**　舟橋秀賢《ふなはしひでかた》による一六〇〇(慶長五)から一三年の期間の朝廷に関する日記。

▼**元和偃武**　偃武とは武器をおさめて使用しないの意味。一六一五(元和元)年大坂の陣で豊臣氏が滅亡し、武器を必要としない平和が訪れたことを意味する。

は次の三条である。第一条で公家衆は家々の学問に励むこと、第二条で行儀、法度にそむく者は流罪に処すこと、第三条で昼夜の御番(禁裏小番《きんりこばん》)を老若ともに怠りなく務めることとした。これらに反する行為があれば、五摂家《せっけ》や武家伝《ぶけてん》奏《そう》からの届けに応じて、幕府が流罪などの沙汰をすると明記した。つまり江戸時代の公家の役儀(義務)は、家々の学問(公家家業)と禁裏小番を勤仕することを規定したものである。この禁裏小番と公家の家業については後に詳述する。

また「勅許紫衣▲の法度」も同日に出されている。大徳《だいとく》寺・妙心寺・知恩院・浄華《じょうけ》院・泉涌《せんにゅう》寺・粟生光明《あおこうみょう》寺の七ヵ寺の住持職は、天皇から勅許がなされる以前に幕府側に武家伝奏を通して告知せらるべしというもので、「仏法相続のため、その器量を選び、相はかるべし。その上をもって入院のこと申し沙汰あるべきものなり」という内容を持っている。

このうち大徳寺・妙心寺は臨済宗であるが、林下《りんか》▲といって五山制度のもとに組み込まれていない寺で、天皇がその住持を任命する権利を持っていた。知恩寺・知恩院・浄華院・粟生光明寺は浄土宗で、なかでも知恩院はそれ以前、粟田口《あわたぐち》の青蓮院《しょうれんいん》門跡が住持職を持つというような性格の、天皇と縁の深い寺で

▼**紫衣**　高僧のみが着用する紫色の袈裟。古くから朝廷によって着衣の許可が下された。

▼**林下**　禅宗五山の寺(官寺)を叢林《そうりん》とよび、五山以外の私寺を林下とよぶ。

あった。また泉涌寺は天皇家のいわば菩提寺であった。これら七ヵ寺の住持職について、勅許がなされる以前に幕府に届け出をしろという命令が出されたのであった。

これら「公家衆法度」と「勅許紫衣の法度」を前提にして、幕府は一六一五年七月「禁中並公家諸法度」を発布した。起草は金地院崇伝《こんちいんすうでん》(本光国師)が中心になって進めた。前将軍徳川家康と、現将軍である徳川秀忠と、前関白二条昭実《あきざね》の三人が二条城において七月十七日に連署して制定された。二条昭実は二十八日に関白に再任され、その関白としての地位で三十日に公家・門跡に交付した。

一七条にわたるが、その第一条は天皇に対する規定である。天子の行なうべき諸々の学問、技芸の中で第一は学問である。その学問を学ばねばいにしえからの道理は明らかにならない。よく学ぶことによって太平をいたすことができるが、いまだかつてそうはなっていない。このことは『貞観政要《じょうがんせいよう》』に明文化されている。また『寛平遺誡《かんぴょうのゆいかい》』には経史《けいし》を極めることができなくても、『群書治要《ぐんしょちよう》』を諳《そら》んじるほどに読むべきであると記されている。すなわちここでいう学問とは統治、治道の学問と解すべきである。

▼**金地院崇伝**　一五六九〜一六三三年。以心崇伝とも。一六〇五(慶長十)年臨済宗五山の上の南禅寺の住持となり金地院に住した。江戸幕府の政治顧問。

▼**貞観政要**　唐の太宗と侍臣との間にかわされた政治規範の書。「貞観故事」ともよばれる。一〇巻。

▼**寛平遺誡**　八九七(寛平九)年、宇多天皇が譲位にあたって、幼少の醍醐天皇に「天子の心得るべき事柄」を書き贈ったもの。

▼**経史**　古代より聖人・賢人の著わした書物や歴史書。

▼**群書治要**　中国の唐代、六三一年に、群書の中から抜き出した政治統治に枢要な事柄を記した編纂物。

天子の行なうべき第二は和歌である。和歌は技巧的で飾り立てられた言葉を用いるものであるが、平安時代の光孝天皇《こうこう》(八三〇～八八七)以来これまで絶えたことのない我が国の習俗となっているので捨てておいてはならない。また『禁《きん》秘抄《びしょう》』▲に載せられている有職故実《ゆうそくこじつ》をよく習学することが肝要であると命じ、天子の第三に行なうべきこととして、朝儀や朝議が滞りなく行なわれるように、有職故実を習い学ぶことを義務づけた。以上、幕府が天子に命じたことは、学問、和歌、有職故実の三点であったと解することができる。

第二条、三条は関連するもので、朝廷内の座順を明確に示した。その座順は三公▲(三大臣)、次に親王、前官の大臣(摂家)、諸親王、前官の大臣(清華《せいが》家)の順番となる。摂家がなる三公が天皇の兄弟である親王より上位であるとしたことは注目される。

第四条は、公家の最上位の家格である摂家であっても、その人物の器量に欠ければ三公や摂政、関白に任じられるべきではない。まして清華家以下の家格においてはなおさらであるとした。

第五条は、人物の器量が豊かであるなら、老年に及んでも三公・摂関(摂政・

▼禁秘抄　順徳天皇が後世の者たちに準拠すべく書き残した朝廷の儀式(朝儀)や政務(朝議)のための有職故実書。一二一三(建保元)年なる。三巻。

▼三公　太政大臣・左大臣・右大臣または左大臣・右大臣・内大臣をさす。

関白)を辞任しないでもよい。ただし一度辞任した後でも再任あるようにとの内容である。三公・摂関を重視する幕府がその地位に適した人材を求めたものである。

第六条は、家の相続に関して、養子を迎える場合には同姓の家を選ぶように、また妻の縁類からの家督相続は古今一切見られないことと否定した。

第七条は、武家の官位は公家の官位任叙とは別個に存在させることを規定したものである。武家の官位は必ず幕府に願い出、幕府から朝廷に一括して任叙を申請し、朝廷から幕府に渡された位記《いき》、口宣案《くぜんあん》が願い出た武家(大名)に幕府から渡された。その際、朝廷に内大臣や薩摩守などの官職を任官されていた当官(現官)の公家が存在しても、そのことにかかわらず、同じ官位を武家も叙任された。本来ならば国に内大臣は一人であり、薩摩守も一人であるはずであるが、公家当官とは別立てで武家のための官位が存在したのである。この第七条によって、武家が官位の上昇を競望することで、直接朝廷と結びつき、天皇権威を高めることを抑止しようとしたのである。

第八条は、改元の規定である。元号を改めるにあたって、新元号の候補を漢

▼**養子**　後陽成天皇の二宮・九宮が養子に入って近衛信尋・一条兼遐(のち昭良)となったが、本法度制定後、五摂家の当主で養子を迎えた事例は、いずれも同姓(藤原姓)であった。唯一の例外は閑院宮直仁親王の第三王子が鷹司輔平となった例だが、これも一度一条兼香の養子になる形をとって鷹司家を継いだ。

▼**武家の官位**　武家の官位は一六〇六(慶長十一)年四月二十八日、徳川家康の推挙のないものを禁止した。

▼**位記**　正三位・従四位下などの位階を叙する時に与えられる公文書。

▼**口宣案**　叙位・任官などを職事である蔵人頭などが上卿に伝える際の文書。これが官位任叙を示す証拠となった。

朝(中国王朝)で既に用いた年号の中から、吉例であったものをもってこれを定めるとした。「元和」の改元は唐の憲宗が賢明な王で治平であったとして、その年号の元和(八〇六〜八二〇年)を用いたものである。ただし、これは当時の世情の混乱する中では、かつて本朝で行なってきた方式、つまり菅原氏、大江氏(この当時は中絶)という学問の家々が新元号の候補を慎重に勘文《かんもん》する状態ではないという前提に立ったものであった。そのため今後繰り返し習礼相熟したならば、本朝先規の作法のように、元号の候補を勘文した上で決定することが命じられた。▲

第九条は、天皇、親王、公家の衣服を定めたもので、これは序列に応じた極めて複雑な内容を持っていることだけ、指摘しておく。

第一〇条は、公家たちの官位昇進については、その家々の旧例を遵守すべき旨を規定したものである。官位昇進は公家の家格(摂家、清華家、大臣家《だいじんけ》、羽林家《うりんけ》、名家《めいか》)に応じて、各家の旧例を守ることで秩序づけられていた。しかし旧例をのみ守るのでは奉公の労を積むことが督励されない。そこで吉備真備《きびのまきび》のごとく従八位下《じゅはちいげ》と位階の低い家柄であっても、才知の誉れがあることによって

▼元号の決定　これ以降は、本朝先規の作法によって、菅原氏である高辻、五条、唐橋、東坊城の家々などが年号を勘文し、例えば寛永の場合は、寛永のほかに享明、貞正などの中から選ばれ、次の正保の場合は、正保のほかに寛安、明暦、慶安などの中から選ばれた。その場合の新元号の宣旨は、五畿内諸国にあてて、形式的には朝廷内で整えられるが、それはあくまで形式だけで、実際には幕府に改元が届けられ、その上で幕府から全国に周知徹底された。

右大臣を拝任した事例のように、旧例を超越することになっても、推任、推叙するように命じたものである。ここでいう奉公の内容が、家々の学問、有職、歌道を勤学することとあるのは、公家の務むべき役割が何であるかをよく明示しているといえよう。

第一一条は、朝廷を統制、管理、運営する執行者である関白、武家伝奏《ぶけてんそう》と奉行の職事《しきじ》▲の申し渡しに堂上《とうしょう》・地下《じげ》の公家たちは従うよう命じたもので、背いた場合には流罪（遠流《おんる》▲、中流▲、近流▲）に処すと規定した。幕府は公家たちを直接統制するものとして、五摂家（つまり関白や左大臣・右大臣）と武家伝奏を考えており、その背後に京都所司代《しょしだい》などの武家が目を光らせるという二段構えの統制策を考えていた。

この一一条や「公家衆法度」に違反して処罰される場合の罪の軽重は「名例《みょうれい》律《りつ》▲」に依拠するよう命じたのが第一二条である。

第一三条は、門跡の座順を定めたものである。門跡には天皇の皇子、連枝《れんし》（兄弟）で親王宣下を受けた後に得度《とくど》した入道親王や、得度後に親王宣下を受けた法親王である親王門跡（宮門跡ともよぶ）と、摂家の子弟が入室した摂家門跡、

▼**奉行の職事**　上卿《しょうけい》のもとにあって、儀式や公事の実務を遂行する責任者である奉行になる蔵人頭《とう》以下の蔵人所の職掌である職事で、幕府は朝廷の行なう儀式や政務などの遂行を滞りなく進めることを命じたものである。

▼**遠流**　京より伊豆、安房、常陸、佐渡、土佐などの国々への流罪をいう。

▼**中流**　信濃、伊予などへの流罪をいう。

▼**近流**　越前、安芸などへの流罪をいう。

▼**名例律**　律の目録の巻頭にある総論的な位置にあたるもので、五刑八虐などの重要規定を列挙している。

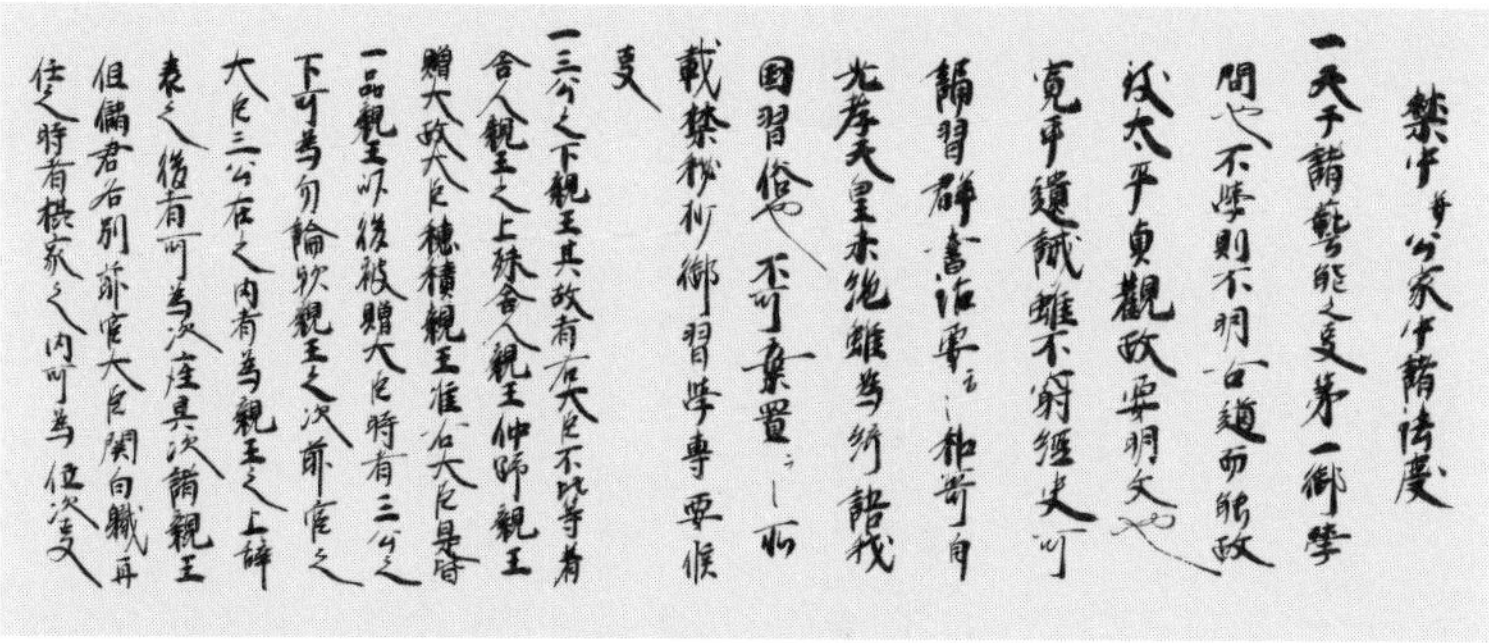

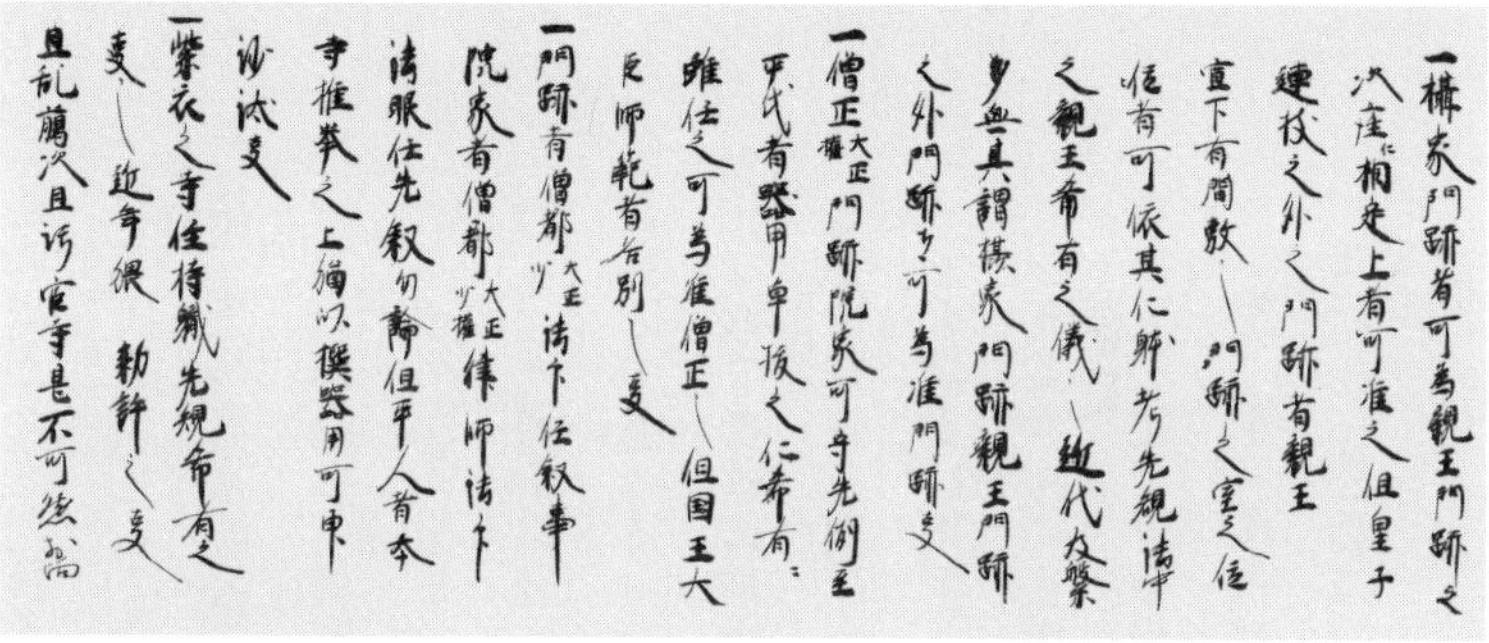

●—禁中並公家諸法度　上は第１条～第２条、下は第13条～第16条。

●—近世の門跡

宗旨	門跡
天台宗	妙法院 青蓮院 梶井 聖護院 照高院 円満院 実相院 曼殊院(竹内) 毘沙門堂 輪王寺(滋賀院兼帯)
真言宗	仁和寺 大覚寺 勧修寺 随心院 三宝院 蓮華光院(安井)
法相宗	一乗院 大乗院
浄土宗	知恩院

宗旨	准門跡
浄土真宗	西本願寺 東本願寺 興正寺 仏光寺 専修寺 錦織寺

このほかに准門跡がある。先に見た第二条では、三公である摂家は親王の上座に着くと規定したが、門跡については親王門跡の次に摂家門跡の順と規定した。第二条の前官の大臣が親王の次座になることに準拠したのであろう。

第一四条は、僧官の中で最上位の僧正《そうじょう》(大僧正、正僧正、権僧正)は、親王や公家の子弟が入室した門跡や院家《いんげ》▲が先例を守って任官されることを命じたものである。大僧正の官は大納言に相当することから、堂上公家以上の子弟に称させたものであろう。したがって平民(公家ではない)出身の僧侶は、その器用が卓抜な人でまれに僧正に任じられることがあっても、これは准僧正どまりであることを規定した。ただし国王▲や大臣の師範である僧侶の場合は、平民出身であっても僧正に任官されるとした。

一五条も同じく僧位・僧官の叙任に関する規定である。門跡は僧正に次ぐ僧官の大・正・少僧都《そうず》や最上位の僧位である法印《ほういん》に任叙されるが、同様に院家も大・正・少・権僧都、律師《りっし》の僧官や法印、法眼《ほうげん》の僧位に先例に任せて任叙される。ただし公家の子弟ではない平民出身の平僧の場合の任叙は、それらの本寺が執奏の公家(寺院伝奏)に推挙をした上、その平僧の器用を選んで沙汰をする

▼**院家**　門跡に準じた格式を持つ寺院で、堂上公家の子弟が入室することが多い。元来は寺院内の子院に公家子弟が入り、独自の住房(家)の要素を強めたことに由来する。

▼**国王**　これがだれをさすのか重要な問題であるが、ここでは将軍や天皇ととりあえず理解しておく。

ことが命じられた。

第一六条は、紫衣の寺の住持職に関する規定▲である。紫衣の寺の住持職が近年みだりに勅許され、そのことで僧侶の修行年数による臈次《ろうじ》が乱れたり、官寺▲を汚すことになるのは甚だしかるべからざることである。今後は住持になる僧侶の器用を選び、僧侶となってからの年数、戒臈《かいろう》を積んで智者の聞こえある人物を入院させるように命じた。

最後の第一七条は、僧位・僧官とは別に、知徳を備えた僧侶の称号として、朝廷は綸旨《りんじ》によって上人《しょうにん》号を与えた。その上人号の勅許は、碩学の僧侶に対し、宗派の本寺が正・権の差を判別して、公家の執奏を受けて勅許を受けるものとした。ただし上人号にふさわしい人体として、仏法修行が二〇ヵ年におよんだ者は正上人、二〇年に満たない場合は権上人とする、上人号の綸旨をみだりに我れ勝ちに望むものがあれば流罪に処すと厳しく規定した。

紫衣事件

一六一三(慶長十八)年の「勅許紫衣の法度」や、「禁中並公家諸法度」第一六条

▼**勅許紫衣の法度**　九ページ参照。

▼**官寺**　国家設立の諸大寺や鎌倉・室町期の五山十刹の諸寺を念頭においている。

を幕府は朝廷側に対して命じたが、諸宗の「本山法度」でも、本山の出世・入院や紫衣などの任官昇進に関してみだりに勅許を受けることを禁じた。

また武家伝奏に対しても、勅許以前に必ず幕府に申告させるように命じた。

一六二七(寛永四)年七月十六日、近ごろ大徳寺・妙心寺などの出世がすこぶるみだりであり、「禁中並公家諸法度」に違反することが多いという内容の相談が、老中土井利勝《としかつ》邸において京都所司代の板倉重宗《しげむね》及び金地院崇伝の間で持たれ、七月十九日には板倉重宗に処分させることを決定した。

これを受けて、大徳寺と妙心寺は、一六二八年春に抵抗を示し、とくに大徳寺の沢庵《たくあん》・玉室《ぎょくしつ》・江月《こうげつ》などは抗議書を京都所司代板倉重宗に提出した。この内容に幕府は激怒し、妙心寺や大徳寺に対して幕府にわびをしろと強硬な態度に出た。これに対して一六二八年十一月二十六日、強硬派の単伝《たんでん》▲を除いて妙心寺は幕府に従った。

大徳寺はどうであったかというと、南派が一六二八年十一月二十七日、金地院崇伝に罪を謝し、許しを請うている。対して北派はあくまで抵抗を貫き、一六二九年二月には京都を発ち、代表の沢庵・玉室・江月の三人は閏二月に江戸

▼**単伝**　妙心寺の僧。単伝は「たとえ妙心寺が廃せられ、荒れ野の地とせらるるとも、わび状をあぐるべからず」と抵抗した。

に着き、幕府に対し意見書を提出する。

これに対する幕府内部の評議は、金地院崇伝が法度に背いているのだから厳しい態度で臨むべきだというのに対し、南光坊天海《なんこうぼうてんかい》▲はそうは思わないと、幕府内部でも必ずしも見解が統一したわけではないが、結局金地院崇伝らの厳しい判断が下され、一六二九年七月二十五日に判決が出された。妙心寺の東源《とうげん》は陸奥津軽に配流、単伝は出羽の由利、大徳寺の沢庵は出羽の上山、玉室は陸奥の棚倉に配流となった。なお大徳寺の江月のみは赦免されている。この流罪という厳しい処罰のほかに、幕府は元和以来幕府の許可を経ずして紫衣を着した者はこれをみな剥奪した。

ところでこのような厳しい判決を聞くと、沢庵・玉室・江月たちはそれ以前から京都所司代などと反目した関係にあったのかと思われるが、実態はそうでもなく、実は京都所司代板倉重宗らと茶の湯を通して友好的に接していた。にもかかわらず問題化したのはなぜなのか。幕府はあえてこのことを問題にするという、政治的な意図を持っていたと見るべきであろう。幕府の意図は二つ考えられる。

▼**南光坊天海**　一五三六〜一六四三年。天台宗僧侶で、武蔵仙波喜多院（埼玉県川越市）・延暦寺・寛永寺住職を歴任。この間、幕政にも参画。

一つは宗教政策である。朝廷に住持の任命権のあった寺々は、一六一三年の「勅許紫衣の法度」に見える七ヵ寺があるが、そのうち知恩寺・知恩院・浄華院・粟生光明寺の浄土宗の各本寺の統制を一通り終えた段階で、残る泉涌寺については いわば天皇の菩提寺であるため除き、臨済宗の大徳寺・妙心寺を統制する意図があったと考えられる。臨済宗の五山派については寺の住持を任じる公帖《こうじょう》の発効権を、足利将軍以来豊臣秀吉、そして徳川将軍と受け継いでおり、ここからはずれた林下の大徳寺・妙心寺の両派本寺を弾圧し、屈服させるというのがこのときの宗教政策としてのねらいと思われる。

幕府の意図の二つ目は、幕府法度と勅許とが抵触していた状態を打開し、幕府法度の優位を明示することであったと考えられる。事前に幕府の許可を得なければならないという幕府法度がありながら、紫衣勅許や住持の任命が天皇によってなされてきたことを、幕府は明確に否定した。

後水尾天皇譲位

この紫衣事件に抗議して、後水尾天皇は一六二九(寛永六)年十一月八日に譲位したとする見解があるが、はたしてどうだったのか。池田晃淵氏や洞富雄氏は病気を譲位の最大理由と考察している▲。

後水尾天皇は、一六二九年十一月八日に譲位するが、実はそれよりも半年早い五月七日に摂関家において譲位の内々の御沙汰があったという。その内容は二ヵ条からなっており、一条目は、「主上御うしろ数年いたませられ候いて、通仙院、御くすりあがり候いて御養生あそばされ候へども、自然、御腫物など出候へば、俄に御養生なされがたき事に候。御灸などあそばされ度候へども、御位にてはならざるとの事に候間、御譲位有り度おぼしめされ候事」(『孝亮《たかすけ》宿禰《すくね》日次記《ひなみき》』▲)。すなわち後水尾天皇は数年来、「御うしろ」、つまり背中あるいは腰などを悪くされていて、通仙院という医師から薬があがり、御養生もしましたけれど、御腫物などがもしも出た場合には、急には養生できない。お灸をしたいと思っても、天皇の御位にては玉体に傷をつけることはできないので譲位を考えた、というのが一条目である。

当然、後水尾天皇が譲位するとなれば、後継天皇が問題になる。二条目は「女帝の儀、くるしかるまじき、さようにも候はば、女一宮に御位をあづけら

▼**譲位の理由**　池田氏は、腫物、淋病、御うしろ数年痛ませられ、という史料の言葉に注目し、これらの治療に鍼、灸という治療を行ないたいが、鍼や灸は玉体に傷をつけることになるので譲位しなければいけない、という譲位理由をのべている。洞氏は池田説を引きながら、鍼・灸の治療ができないことと、もう一つ、天皇というのは毎朝行水をつかい、御拝の礼、四方拝を行なう務めがあるが、これが病気によりできないので、譲位したと指摘する。

▼**孝亮宿禰日次記**　一五九五(文禄四)〜一六三四(寛永十一)年にわたる小槻《おづき》孝亮の日記。孝亮は弁官局上首の官務を世襲した壬生家の当主で、朝廷の政務を記す。

れ、若宮御誕生の上、御譲位あるべき事」。つまりその場合には徳川和子《まさこ》との間に生まれた女一宮(興子《おきこ》内親王)に天皇位をあずけられ、その後若宮(皇子)が誕生した場合に、その若宮に譲位する、という内容である。この二ヵ条を後水尾天皇側は武家伝奏を通して武家両御所、つまり将軍徳川家光と大御所秀忠に伝えた。これが五月十九日のことである。

勅使として二人の武家伝奏が江戸に下り、右の内容を伝えた。前述のように、七月二十五日に紫衣事件に関して沢庵・玉室・単伝・東源らを配流する処罰が下ったのであるから、これに抗議して後水尾天皇が譲位したとするのは、前後関係からおかしいことになる。

幕府側はどう答えたであろうか。八月二日に大御所秀忠から女一宮に譲位することは「いまだおそからぬ御事と存じ候」、つまり時期尚早であると返答し、後水尾天皇の譲位をとどめた。翌八月三日には将軍家光より武家伝奏三条西実条《さねえだ》に御書が渡され、「相国様仰せ次第にあそばされ候べく候」(「東武実録」)、つまり秀忠の仰せ次第という内容であった。すなわち後水尾天皇の譲位希望は五月十九日に出されたが、幕府によって八月二日に時期尚早として断わられ、譲

▼**徳川和子**　一六〇七～七八年。二代将軍徳川秀忠の女。一六二〇(元和六)年に後水尾天皇に入内。二九(寛永六)年十一月九日に院号を受け、東福門院と称す。

▼**東武実録**　五代将軍徳川綱吉が命じて編纂させた二代将軍秀忠の編年体実録。一六一六(元和二)～三二(寛永九)年の事跡を対象にしている。

位はならなかった。

　同年十一月八日に禁中より触れがあり、早々束帯《そくたい》にて参内《さんだい》するようにとの命令が出される。公家衆は皆残らず参内するようにということであったが、公家たちには参内の理由はわからない。やがて右大臣の二条康道《やすみち》が参内してきて、初めてその内容が御譲位の由であるとわかった。前関白近衛信尋《のぶひろ》は「子細を尋るに、知る人なし。しこうして御譲位と云々、にわかの儀、驚き入るほかなき也」(「信尋公記▲」)と記している。

　このように十一月八日には、公家たちはいずれも驚き仰天しているのだが、だれも知る人がいない中で、武家伝奏の中院大納言通村《みちむら》ばかりが知っていたことも驚かれる。公家たちのほかに、もちろん武家の責任者である京都所司代板倉重宗はさらに驚いた。京都所司代としては、思いがけない急な御譲位であり、言語道断のことである。江戸両御所へまずこのことを知らせ、その御返事があるまで穏便にするべきで、返答を待てという態度をとった。

　では中宮《ちゅうぐう》▲であった徳川和子はどういう動きを見せたのであろうか。中宮付武家であった旗本の天野豊前守《あまのぶぜんのかみ》の「大内日記」によると、十一月八日に、女一宮様

▼信尋公記　「本源自性院記《ほんげんじしょういんき》」ともよばれる、近衛信尋の日記。一六二一(元和七)~四四(正保元)年を記載。

▼中宮　皇后(天皇嫡妻)のこと。

へ御譲位とのことを中宮様御所ではだれも知らなかった。申刻(午後四時頃)ころに、奥よりその儀式があるという。今晩、禁中様(後水尾天皇)が中宮様御所へならせられ、女一宮(明正天皇)へ譲位がなされたということである。天野豊前守は早速徳川和子の秀忠への書簡をもって、九日に江戸へむけて出立した。

手紙の内容は後水尾天皇の譲位を認めてほしいという趣旨であったと想像されるが、これに対して幕府の返答はなかなか下らない。十一月八日から二〇日余りたった十一月二十九日、江戸と京都を往復するのに二〇日あれば十分のはずであるから、そろそろ幕府より返事が届いてもおかしくないと、後水尾院を始め不安にかられだす。後水尾院と武家伝奏中院通村の二人が話をして、そのとき話題に上ったのが安徳《あんとく》天皇や復位のことで、後水尾院は不快になったと記されている(「泰重卿記《やすしげきょうき》」▲)。安徳天皇とは、平清盛の娘の建礼門院徳子《けんれいもんいんとくこ》と高倉天皇との間に生まれ、八歳のときに壇ノ浦で平氏一門と入水して果てた天皇である。徳川秀忠を平清盛に置きかえ後水尾天皇を高倉天皇とすれば、女一宮(明正天皇)は悲劇の安徳天皇に重なる。この『平家物語』の主人公を思い出し、非常に不安がり、十一月二十九日にはもはや復位もやむを得ないかという空気が、

▼**泰重卿記**　土御門泰重の日記。一六一五(元和元)～四八(慶安元)年を記載。

後水尾院のまわりに漂い出していた。

中宮徳川和子の書簡を持った天野豊前守は、江戸に留まり返答を待ちつづけた。十二月二十三日、天野は初めて召し出され、大御所秀忠並びに将軍家光からの返事を聞かされる。

天野は即日京都に向かい、二十六日には到着した。四日で京都に着くには馬を急がせたのであろう。京都所司代の板倉重宗に江戸の両御所の御意の趣を申し渡した。翌二十七日、京都所司代は院御所において、両御所からの、後水尾天皇が御譲位なされた由は驚いたが譲位した以上は「とかく叡慮次第の由」との旨を伝えた。譲位は幕府によって追認されたということで、この知らせを聞いた後水尾院は「別状なく、珍重千万なり」と喜んでいる。

結局、後水尾天皇の突然の譲位は、天皇側から見れば不安を伴いながらも成功したことになる。かつて後陽成天皇が譲位したいと何度も願いながら、家康の意向どおりにしなければならなかったが、そういう天皇の代替りまで幕府の意のままになるということに、後水尾天皇は抵抗したと見ることができる。

幕府側にとって問題にすべきなのは、これを事前に押しとどめることができなかったという点である。幕府としては京都所司代と武家伝奏の間のパイプが機能しなかったところに、この原因を求めた。

そこで幕府では、一六三〇年九月十四日、明正天皇の即位のために京都に赴いた土井利勝・酒井忠世《ただよ》・板倉重宗・金地院崇伝の四人が、当時の武家伝奏であった中院通村は武家への合い口がよくないのでやめさせ、日野資勝《すけかつ》▲にかえるよう朝廷に伝えた。

このように武家伝奏を幕府との合い口のよいものにしたほか、五摂家たちにも厳しい言葉を伝え、朝廷の統制を引き締めさせた。すなわち江戸の大御所と将軍は遠隔地にあるから、禁中向きのことは不案内になる。そのためよく五摂家一同が仰せ合わせてこれまでの御政事が退転しないように、並びに公家衆の家々の御学問、御法度以下、徳川家康が仰せ定められた趣に相違することのないようこれを沙汰するように、もしそれができないようであれば、五摂家の落ち度になるというものであった。改めて摂家に対して朝廷統制の要としての自覚を促し、もしできないならば摂家の落ち度として罰すると命じたのである。

▼**日野資勝**　一五七七〜一六三九年。公家の名家で旧家。輝資(唯心院)の子。

②—朝廷の統制機構

統制機構

朝廷を統制する機構▲は二重に設けられていた。一つは摂家(関白や三大臣)と武家伝奏を通して朝廷内統制を行なうという、公家たちによって公家たちを統制するというやり方。もう一つは、京都に派遣された武士が直接目を光らせる方式である。京都所司代や禁裏付《きんりづき》の武家(付武家)たちによって朝廷は統制され、公家たちの行動も監視されていた。

まず摂家による統制を見てみよう。

摂家は幕府によって統制する権限が与えられた。一六一三(慶長十八)年の「公家衆法度」、一六一五(元和元)年の「禁中並公家諸法度」で、摂家(関白)あるいは武家伝奏の言うことを聞かなければ流罪になるという法制的な裏打ちがなされている。しかも官職や政務における権限の集中した関白・三大臣を、摂家たちが順送りで独占する体制をとっていた。

その上に堂上公家たちをうまく統制する方法として、公家たちを摂家の家礼《けらい》

▼朝廷の統制機構図　三〇ページ参照。

として編成していたことを指摘しておく。堂上の公家は五摂家のどこかの家礼にならざるを得なかった。なぜならば家礼たちは主家を通して自分たちの官位を執奏してもらうことになっていた。公家が官位を望む以上、主家である摂家に従わざるを得なかったのである。

また家礼になることで主家から有職故実を学んだ。例えば近衛家の家礼になることで、朝廷から何か儀式を遂行する役(奉行)などを仰せつかった場合に、その儀式に関する情報を近衛家から受け、その内容の指導を受けもした。もしも家礼である公家が主家に挨拶もせずに勝手にその儀式を行なえば、首尾不都合ということにもなった。実際に近衛家にしろ一条家にしろ、大変な写本を集め、時には絵師も用いて、どういう儀式の場合にはどういう行動をとらなければいけないかという手順をきっちりと情報として集中し、独占していた。そのほか主家の催す和歌や連歌、茶の湯、蹴鞠などの会に参加する。また元旦にはその主人の家に参上して祝いの言葉を述べ、その当主が元日に参内するとこれに随行していくということで、いわば主従の関係にあたる。

この家礼の関係は、十八世紀(一七〇〇年代)に入るとほぼすべての公家たちがいずれかの摂家の家礼となる。この点からも摂家による統制に反しては生きていけなかったといえる。

武家伝奏

幕府は摂家、とくに関白に朝廷統制の主導権を与えたが、実際に細々と動くのは武家伝奏であり、武家伝奏を通して操作しようとした。武家伝奏はたえず京都所司代と連絡を取り合い、京都所司代はまた江戸の老中と連絡を取っている。

江戸時代の武家伝奏は、表にあるように一六〇三（慶長八）年二月十二日に任じられた広橋兼勝《かねかつ》と勧修寺《かじゅうじ》光豊《みつとよ》が最初と見てよさそうで、一八六七（慶応三）年十二月九日の王政復古の大号令とともに廃止されるまで続いた。武家伝奏は摂家を除く堂上公家の中から常に二人が選ばれている。この二人の選び方、つまり補任《ぶにん》の方法は時期によって変わっており、大きく三期に分けられる。

第一期は一六〇三年から貞享期（一六八四〜八八）まで、次ページの表の1から19にあたる部分で、幕府が人選した公家を天皇が任命する形をとっている。

●——朝廷の統制機構図

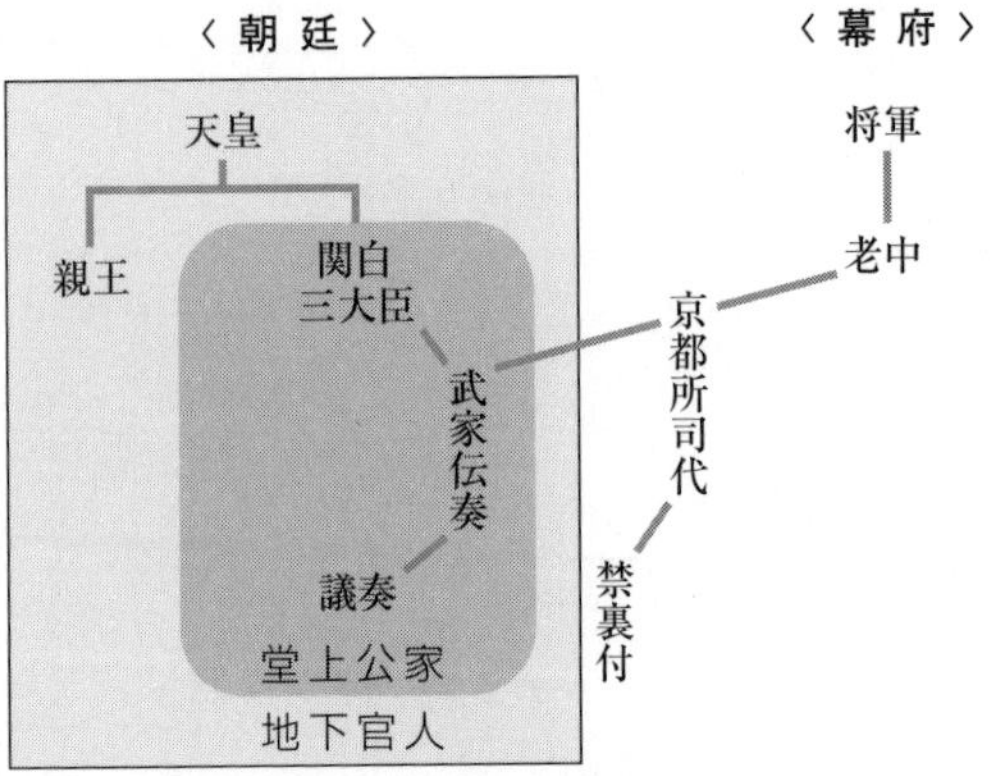

	氏名	在任期間
31	久我通兄	1741(寛保元)年9月19日　～1750(寛延3)年6月21日
32	柳原光綱	1747(延享4)年12月19日　～1760(宝暦10)年9月28日
33	広橋兼胤	1750(寛延3)年6月21日　～1776(安永5)年12月25日
34	姉小路公文	1760(宝暦10)年10月19日　～1774(安永3)年10月18日
35	油小路隆前	1774(安永3)年10月18日　～1788(天明8)年1月11日
36	久我信通	1776(安永5)年12月25日　～1791(寛政3)年11月23日
37	万里小路政房	1788(天明8)年1月11日　～1793(寛政5)年4月13日
38	正親町公明	1791(寛政3)年12月25日　～1793(寛政5)年4月28日
39	勧修寺経逸	1793(寛政5)年7月26日　～1803(享和3)年12月22日
40	千種有政	1793(寛政5)年7月26日　～1810(文化7)年5月22日
41	広橋伊光	1803(享和3)年12月22日　～1813(文化10)年9月15日
42	六条有庸	1810(文化7)年5月22日　～1817(文化14)年8月12日
43	山科忠言	1813(文化10)年9月15日　～1822(文政5)年6月13日
44	広橋胤定	1817(文化14)年8月12日　～1831(天保2)年1月20日
45	甘露寺国長	1822(文政5)年6月13日　～1836(天保7)年8月27日
46	徳大寺実堅	1831(天保2)年1月20日　～1848(嘉永元)年2月9日
47	日野資愛	1836(天保7)年8月27日　～1845(弘化2)年10月22日
48	坊城俊明	1845(弘化2)年10月22日　～1854(安政元)年6月30日
49	三条実万	1848(嘉永元)年2月9日　～1857(安政4)年4月27日
50	東坊城聡長	1854(安政元)年6月30日　～1858(安政5)年3月17日
51	広橋光成	1857(安政4)年4月27日　～1862(文久2)年閏8月5日
52	万里小路正房	1858(安政5)年5月1日　～1859(安政6)年1月17日
53	坊城俊克	1859(安政6)年2月9日　～1863(文久3)年6月21日
54	野宮定功	1862(文久2)年11月7日　～1867(慶応3)年4月17日
55	飛鳥井雅典	1863(文久3)年6月22日　～1867(慶応3)年12月9日(廃)
56	坊城俊克(再)	1864(元治元)年1月23日　～1864(元治元)年7月26日
57	日野資宗	1867(慶応3)年4月19日　～1867(慶応3)年12月9日(廃)

(再)＝再任，(廃)＝廃官
平井誠二「武家伝奏の補任について」(『日本歴史』第422号)などをもとに作成

●—武家伝奏一覧

	氏　名	在　任　期　間
1	広橋兼勝	1603(慶長8)年2月12日　～1622(元和8)年12月18日
2	勧修寺光豊	1603(慶長8)年2月12日　～1612(慶長17)年10月27日
3	三条西実条	1613(慶長18)年7月11日　～1640(寛永17)年10月9日
4	中院通村	1623(元和9)年10月28日　～1630(寛永7)年9月15日
5	日野資勝	1630(寛永7)年9月15日　～1639(寛永16)年6月15日
6	今出川経季	1639(寛永16)年8月13日　～1652(承応元)年2月7日
7	飛鳥井雅宣	1640(寛永17)年12月28日　～1651(慶安4)年3月21日
8	野宮定逸	1652(承応元)年2月7日　～1658(万治元)年2月15日
9	清閑寺共房	1652(承応元)年2月7日　～1661(寛文元)年7月24日
10	勧修寺経広	1658(万治元)年7月10日　～1664(寛文4)年10月6日
11	飛鳥井雅章	1661(寛文元)年9月27日　～1670(寛文10)年9月10日
12	正親町実豊	1664(寛文4)年10月6日　～1670(寛文10)年9月12日
13	日野弘資	1670(寛文10)年9月15日　～1675(延宝3)年5月18日
14	中院通茂	1670(寛文10)年9月15日　～1675(延宝3)年2月10日
15	花山院定誠	1675(延宝3)年2月10日　～1684(貞享元)年8月23日
16	千種有能	1675(延宝3)年5月18日　～1683(天和3)年11月27日
17	甘露寺方長	1683(天和3)年11月28日　～1684(貞享元)年12月27日
18	千種有維	1684(貞享元)年9月28日　～1692(元禄5)年11月23日
19	柳原資廉	1684(貞享元)年12月27日　～1708(宝永5)年12月13日
20	持明院基時	1692(元禄5)年12月12日　～1693(元禄6)年8月16日
21	正親町公通	1693(元禄6)年8月16日　～1700(元禄13)年2月6日
22	高野保春	1700(元禄13)年6月28日　～1712(正徳2)年5月24日
23	庭田重条	1708(宝永5)年12月13日　～1718(享保3)年閏10月1日
24	徳大寺公全	1712(正徳2)年6月26日　～1719(享保4)年11月30日
25	中院通躬	1718(享保3)年閏10月1日～1726(享保11)年9月15日
26	中山兼親	1719(享保4)年12月23日　～1734(享保19)年10月24日
27	園基香	1726(享保11)年9月21日　～1731(享保16)年8月9日
28	三条西公福	1731(享保16)年9月2日　～1734(享保19)年11月7日
29	葉室頼胤	1734(享保19)年11月7日　～1747(延享4)年12月19日
30	冷泉為久	1734(享保19)年11月22日　～1741(寛保元)年8月29日

▼**武家昵近衆**　将軍の接待にあたった公家衆で、その家は日野家など固定していた。

幕府が人選した公家というのは、将軍家と親しい関係にある武家昵近衆《じっきんしゅう》▲から選ばれることが多かった。もっとも後水尾天皇譲位の際に、中院通村が武家伝奏としての機能をはたさなかったため、幕府は中院通村をはずして日野資勝を任命した。このような任命の仕方が第一番目の時期である。

二番目の時期は一六九二(元禄五)年から幕末の一八六二(文久二)年、表の20から54までで、一七〇年間にわたっている。この時期の任命方式は幕府が人選するのではなく、朝廷に人選が委ねられ、まず朝廷が幕府にこの人でよいかどうか内慮をうかがった後に補任する形をとる。朝廷は後で述べる議奏の経験者からおよそ選ぶようになっている。幕府に内慮を聞く際には、その公家の親類《しんるい》書《がき》まで添えて幕閣の承認を得ている。議奏の場合は所司代の意向を聞いて承認するだけなので、武家伝奏の重さがそこからもわかる。この二番目の時期は幕府が朝廷といわば協調関係にあり、朝廷の人選に任せるという時代である。

三番目は一八六二年末から一八六七年の短い期間だが、朝廷と幕府との関係は逆転しており、幕府への内慮うかがいなどはこのほかの面でもすべてとられなくなり、武家伝奏も朝廷が任命したその結果だけを幕府に知らせる。

さてこのようにして任命された武家伝奏は、所司代の役宅に赴き、血判の誓書を提出する。そして役料を幕府から支給されるが、正徳年間(一七一一〜一六)以降で五〇〇俵、一八六三年十二月にはさらに七〇俵加増される。

つぎに、武家伝奏のはたした役割について見ると、一番目に幕府と朝廷との儀礼上の交渉役がある。幕府の高家《こうけ》▲が朝廷に対する儀礼上での将軍の代理を務めるのと同じように、武家伝奏は天皇の勅使として幕府に赴くという役割で、年頭の勅使のほとんどが武家伝奏であった。

二番目は幕府の触れを公家たちに触れ流し、逆に公家たちから幕府への願書や伺書などを京都所司代を介して幕府に伝える。願書や伺書の中には重要なものもあるが、軽いものもあった。例えば公家が洛外に他行する際、必ず武家伝奏を通して願書を所司代に出すことになっていた。賀茂に松茸狩りに行ったり、東福寺に参詣する場合などでもいちいち武家伝奏を通して伺いを立てるきまりであった。

役割の三番目は官位の執奏《しっそう》である。「禁中並公家諸法度」第七条の、武家の官位叙任はすべて武家伝奏の執奏である。また寺院僧侶や神社の神職や諸職人の

▼**高家**　室町時代以来の名家である吉良・畠山・今川など二六家が世襲で幕府の儀式・典礼や勅使の接待などをつかさどった。

官位に至るまで、これも武家伝奏は掌握している。

四番目の役割は朝廷の財政問題や禁裏御料、公家領の所領支配に関することである。後述するように、禁裏付武家は旗本二名が月番で朝廷経済の管理を担当しており、武家伝奏は禁裏付から相談を受け、時には協力して朝廷の内向きの財政運営を担っている。また京都町奉行や京都代官という京都・畿内支配にかかわる幕府の役職とも連絡を保ちながら、幕府からの下行米《げぎょうまい》の分配を担ってもいる。

五番目は交通に関して、朝廷や公家たちの御用で街道を旅する場合、宿々に先触れを出して伝馬を利用させたり、荷物の絵符▲についても武家伝奏が窓口になって担当する。

以上のような日常的な役割がある上に、朝幕間で重大な事柄が発生した場合、例えば新規に事を起こすとか、処罰が必要であるというような場合、武家伝奏は関白と合議を重ね、絶えず京都所司代と連絡をとりながら幕府に折衝する役割をはたしていた。

▼**絵符**　会符とも書き、板の札に荷物の所有者名を書いたもの。絵符のある荷物は安価な御定賃銭で宿継ぎができた。

議奏

武家伝奏が非常に繁多な役割を持つために、次第に武家伝奏二人では手に負えなくなってきた。その上に、武家伝奏は本来朝廷の主に表向きに関する役割を担ったが、奥向き、つまり天皇の御前の議は行き届かなかったわけで、武家伝奏では不十分になった点を解決するために議奏が設置された。議奏には前身がある。一六六三(寛文三)年、幕府の指示でつなぎ役の後西《ごさい》天皇が譲位させられ、霊元《れいげん》天皇が即位する。父親の後水尾法皇と六〇歳近い年齢差があり、法皇は霊元天皇をかわいがってもいたが、また世代間の違いから来る不安感も持っていた。そこで法皇は霊元天皇に四人の養育係をつけた。葉室《はむろ》、園、正親町《おおぎまち》、東園《ひがしぞの》の四人を養育係とし、まだ小さかった霊元天皇に「天子にふさわしいしかるべき行動規範」を身につけるよう四人に命じた。

一六七一年頃になると、霊元天皇(一七歳)は自分の近習《きんじゅう》(側近)への恣意的な官位叙任をしたり、天皇と若い近習が禁中で花見の酒宴を催して、泥酔に及ぶという放埒事件が起きている。酒を飲むところまでは何ら問題はないが、公の場で泥酔するというのは天子としてあってはならない行ないであった。

このような霊元天皇の行動を見て、武家伝奏は天皇並びに側近を統制しなければならないとの判断から、幕府老中に申し入れ、後水尾法皇もまたこれを推進して、天皇の養育係を御側衆《おそばしゅう》ないしは年寄衆と称して、任務、役割をより明確にさせた。この御側衆あるいは年寄衆と称された者が、一六八六(貞享三)年に議奏と呼称を統一し、その後武家伝奏を補佐して朝議に参画して、一八六七(慶応三)年十二月まで続いたのである。

議奏になるのは大体三五歳以上の羽林家や名家で、四、五人の公家が就任して、所司代の承認を受ける。役料は初め朝廷から二〇石出された時期があるが、一六七九(延宝七)年から最後の議奏まで、幕府の命じた役職であるとの認識から、年に四〇石(一〇〇俵)が幕府から支給された。

議奏に任命されると、武家伝奏に対して誓紙・血判を提出する。議奏の職掌としては天皇が出御した場合に陪侍する。つまりは傍らにはべり、天皇に奏上したり、官位のお礼の取り次ぎなどを行なう。また天皇の使者として勅問を伝える。例えば左大臣・右大臣などに朝議以前に種々諮問をする場合など、議奏がそれぞれの屋敷に赴き勅問を伝える。あるいは日常的にも天皇の話し相手に

●所司代屋敷

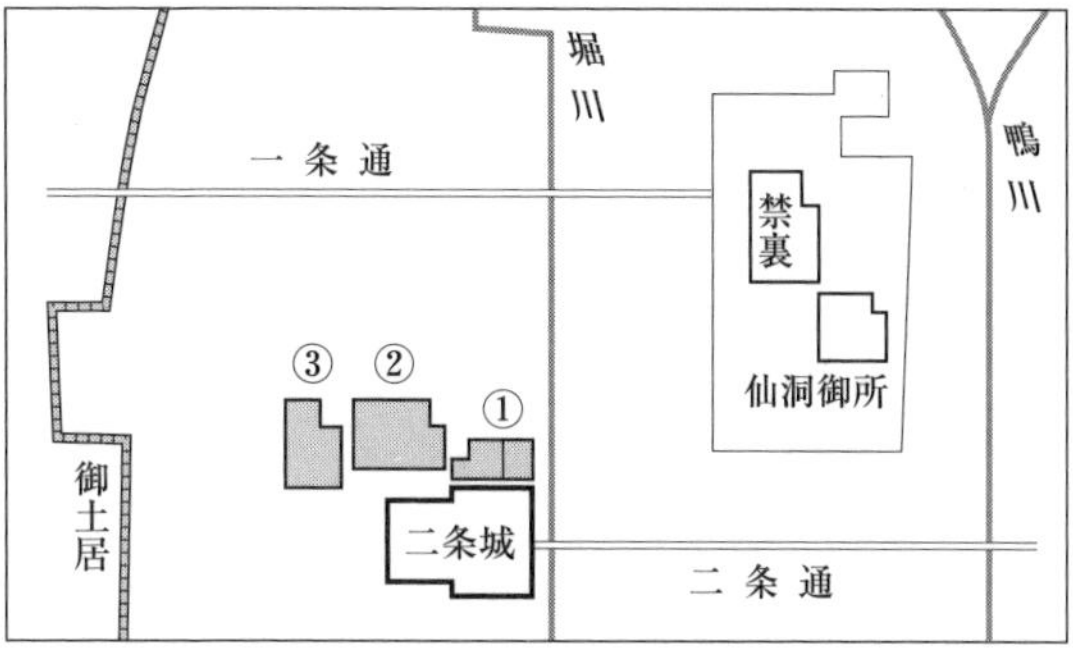

①所司代屋敷②所司代下屋敷
③所司代組屋敷

なるというようなことを行なっている。

幕末になり朝廷と幕府の関係が逆転してからは、武家伝奏がいわば幕府寄りということで、武家伝奏より議奏の方が天皇の側近として上位に位置されるようになるが、江戸時代においては全く逆で、武家伝奏の補佐として議奏が位置づけられたのである。

所司代と禁裏付

次に幕府の派遣した武士による直接の統制とよべるものを示す。まず京都所司代は朝廷と公家支配のために幕府が置いた責任者にあたるもので、所司代屋敷に武家伝奏をほぼ毎日よびつけて、幕府と朝廷との交渉を行なっている。一六六八(寛文八)年から御用繁多になり、それまで所司代が担当していた京の町方支配については京都町奉行を設置して、洛中、洛外の司法、行政を担わせた。そのほかには京都代官が置かれ、禁裏御料の支配なども行なっている。

このように、所司代がいわば朝廷の外側から目を光らせているのに対して、禁裏付武家というのは禁裏内、つまり朝廷内に入って内側から朝廷を管理するという役割であった。一六四三(寛永二十)年に幕府により設置されたもので、一八六七(慶応三)年十二月の廃止まで続けられる。これは旗本二名が務め、石高一〇〇〇石、役料一五〇〇俵が与えられた。この月は一人が、来月はもう一人がというふうに月番交代で、その月番の者は毎日参内して、京都所司代や武家伝奏の指示を受ける形で、公家の行跡の監督や口向役人《くちむけやくにん》の支配とともに禁裏の諸経費の決済を行なう。また禁裏には幾つもの門があるが、その門の管理も行なった。

禁裏付武家が設置された一六四三年という年は、ちょうど明正天皇から後光明天皇に譲位された年である。一六二〇(元和六)年六月に徳川和子が入内したのにともなって、弓気多昌吉《ゆけたまさよし》と大橋親重《ちかしげ》の二人の旗本が徳川和子に付属させられてくる。これがやがて女院《にょいん》付武家となるが、明正天皇が譲位して後光明天皇時代になると、後光明天皇は徳川氏との血縁がないということから、幕府とすれば新たに禁裏を監督する必要が生じたということで、それまでの女院付に加え禁裏付を設置したのである。

職掌としては御門の警護や奥と口向け▲の諸経費の監査をした。いずれも一切、

▼口向け　朝廷の勝手向きのこと。地下官人である口向けの役人は野菜・調味料などの食品やその他の品々を購入したので、町人との接点を持ち、不正も生じることがあった。

表向きの御用はしないのが禁裏付の特徴である。つまり禁裏では口向諸役人によってあらゆるものが購入され、料理がつくられ、食事が用意されるわけで、そういう経理面の統括を禁裏付武家が担当するのである。

なお一六四三年に禁裏付が設置される以前に口向諸役人の統括の実務を担当していたのは土山氏という地下《じげ》の官人《かんじん》であったが、禁裏付ができて以降、土山氏は禁裏付の配下になって働くことになる。

以上のようにして江戸時代の朝廷の人々を統制する機構がつくられ、機能した。この統制の枠組みの中で朝廷に生きた人々について、以下具体的に見ることにしよう。

③—朝廷を構成する人びと

天皇

幕府の内意を得ずに突然の譲位を行なった後水尾天皇以降、江戸時代の天皇の代替りはどのように行なわれたのであろうか。後水尾天皇が譲位した明正天皇は女帝であったが、奈良時代まで存在した女帝はいずれもいわばつなぎ役としての役割を担わされていた。明正天皇も同様であり、弟である後光明天皇が一〇歳になると譲位した。この後光明天皇は満二一歳の若さで突然病死する。本来ならばのちに霊元天皇となる識仁《さとひと》親王が儲君《ちょくん》▲であり、践祚《せんそ》▲するところであるが、当時生後四ヵ月であったから、いたし方なくいったんは高松宮を継いで花町宮となっていた良仁《ながひと》親王を急遽即位させ、後西天皇とした。

四四ページの天皇一覧にあるように、後光明天皇死去は一六五四(承応三)年九月二十日であるが、後西天皇の即位は同年十一月二十八日で、その間二ヵ月余りの空白があったのは、今述べた事情による。

幕府も後西天皇にそろそろ譲位の時期ではないかとすすめる中で、一六六三

▼**儲君**　「もうけのきみ」ともいう。皇位継承の定まった皇子(皇女)。

▼**践祚**　皇位を継承すること。受禅が先帝の譲位にともなって継承するのに対し、践祚は先帝の死にともなう継承をさす。

●—後光明天皇
在位1643〜1654年

●—後西天皇
在位1654〜1663年

(寛文三)年、九歳となった霊元天皇に譲位した。

そのご霊元、東山、中御門《なかみかど》、桜町と四代続いて譲位をした。このときの年齢は霊元三三歳、東山三四歳、中御門三四歳、桜町二七歳であった。おそらく霊元、東山、中御門については、後水尾天皇譲位時の年齢が目安になったものといえるが、桜町天皇だけはやや若い譲位であった。譲位のタイミングは前代の天皇の例を参考にしながらはかるということのようで、霊元天皇の場合は父の後水尾天皇を参考にし、東山天皇、中御門天皇は父や祖父を参考にしたということであろう。これに対し桜町天皇は後述するように朝儀の再興も多く(これは幕府吉宗政権の考えによる)、これ以上在位しては神慮も恐れるので早目に譲位したいという内容になっている。

続く桃園天皇は二一歳の若さで急死。儲君(後桃園天皇となる英仁《ひでひと》親王)に継ぐべきところだが、当時四歳の幼年では即位は無理で、桃園天皇の姉の智子《としこ》内親王がつなぎ役として即位する。後桜町天皇である。

女帝のためこの場合も英仁親王の成長を待って、一二歳になったところで譲位する。ところが後桃園天皇も父の桃園と同じ満二一歳で急死した。一人娘

(女一宮)を残すのみであった。そこで朝廷並びに幕府は閑院宮《かんいんのみや》から養子を入れる形で、ここに光格天皇が誕生した。すなわち皇統の系譜が幾分移る。光格天皇の在位は三七年間余と、江戸時代の天皇の中では異例の長さであった。光格天皇譲位後受禅《じゅぜん》した仁孝《にんこう》天皇から、次の孝明《こうめい》天皇へは死去による代替りとなった。

天皇は幼児では即位できないと認識されていた。天皇は即位儀礼のときに大嘗会《だいじょうえ》を行なったり、即位灌頂《かんじょう》を行なう。最年少の満六歳の明正天皇の即位の場合でも、紫宸殿《ししんでん》において一六三〇(寛永七)年九月十二日、高御座《たかみくら》▲に座して、右大臣二条康道が灌頂を授けたが、その際明正天皇は大きな高御座の中に小さな体を座らせ、じっとしていられないので人形を片手に持っていたと記されている。

即位灌頂というのは密教の最高位になることを意味するが、このほかに大嘗祭の神事を通して皇祖神天照大御神《あまてらすおおみかみ》から末裔であることの認知を受け、神格化するともいえる。それ以外にも天皇は古今伝授《こきんでんじゅ》▲などを体現していかなければならず、幼児には困難なことであった。

▼高御座　八角形の屋形《やかた》の中に玉座がある。即位などの大礼に用いた。

▼古今伝授　古今和歌集の解釈の秘伝を授けること。天皇や公家たちに必須の、和歌を詠む道の奥義に達したことを意味する。

●—江戸時代の天皇一覧

天皇	生年月日	在位期間	死去
後水尾	1596年6月4日（文禄5）	1611年3月27日（慶長16）〜1629年11月8日（寛永6）	1680年8月19日（延宝8）
明正	1623年11月19日（元和9）	1629年11月8日（寛永6）〜1643年10月3日（寛永20）	1696年11月10日（元禄9）
後光明	1633年3月12日（寛永10）	1643年10月3日（寛永20）〜1654年9月20日（承応3）	同左
後西	1637年11月16日（寛永14）	1654年11月28日（承応3）〜1663年1月26日（寛文3）	1685年2月22日（貞享2）
霊元	1654年5月25日（承応3）	1663年1月26日（寛文3）〜1687年3月21日（貞享4）	1732年8月6日（享保17）
東山	1675年9月3日（延宝3）	1687年3月21日（貞享4）〜1709年6月21日（宝永6）	1709年12月17日（宝永6）
中御門	1701年12月17日（元禄14）	1709年6月21日（宝永6）〜1735年3月21日（享保20）	1737年4月11日（元文2）
桜町	1720年1月1日（享保5）	1735年3月21日（享保20）〜1747年5月2日（延享4）	1750年4月23日（寛延3）
桃園	1741年2月29日（寛保1）	1747年5月2日（延享4）〜1762年7月12日（宝暦12）	同左
後桜町	1740年8月3日（元文5）	1762年7月27日（宝暦12）〜1770年11月24日（明和7）	1813年閏11月2日（文化10）
後桃園	1758年7月2日（宝暦8）	1770年11月24日（明和7）〜1779年10月29日（安永8）	同左
光格	1771年8月15日（明和8）	1779年11月25日（安永8）〜1817年3月22日（文化14）	1840年11月19日（天保11）
仁孝	1800年2月21日（寛政12）	1817年3月22日（文化14）〜1846年1月26日（弘化3）	同左
孝明	1831年6月14日（天保2）	1846年2月13日（弘化3）〜1866年12月25日（慶応2）	同左

●—江戸時代の院政一覧

上皇	期間	院政下の天皇
後水尾	1629年11月8日〜1648年頃	明正（6〜20歳）・後光明（10〜15歳）
後水尾*1	1663年1月26日〜1669年	霊元（9〜15歳）
霊元	1687年3月21日〜1693年11月26日	東山（12〜18歳）
東山	1709年6月21日〜1709年12月17日	中御門（8歳）
霊元*2	1709年12月17日〜1717年	中御門（8〜16歳）
中御門	1735年3月21日〜1737年4月11日	桜町（15〜17歳）
桜町	1747年5月2日〜1750年4月23日	桃園（6〜9歳）
光格	1817年3月22日〜1840年11月19日	仁孝（17〜40歳）

*は二度目の院政。*1は霊元天皇践祚による。*2は東山院没による。

それに加えて日々の務めとして毎朝の御拝や元旦の四方拝《しほうはい》がある。夜明け前の寅刻、午前四時ごろに起き、潔斎《けっさい》のために行水をつかい、国土安穏、五穀豊穣を祈るという務めである。明正天皇の場合はこの四方拝や小朝拝《こちょうはい》▲は在位中行なっていない。ただし元日の節会《せちえ》は挙行するが、出御《しゅつぎょ》はしないということで、天皇としての役割を幼児かつ女子であったという点で行なえなかったようである。このほかに年間を通して朝廷の儀式、政務である朝議、これらに携わらなければならない。では何歳くらいなら可能かというと、大体一五歳になって政務をみずから行ない、朝廷儀式を遂行するようになるようだ。

▼小朝拝　元日に、清涼殿で公卿・殿上人が天皇に拝賀する儀式。

上皇・女院

このように考えるのは以下の理由からである。右ページの院政一覧は院政が行なわれた期間を示しているが、院政が行なわれた天皇の即位時の年齢と、その天皇が一人立ちして政務を行ない始める年齢を検討すると、光格院政時の仁孝天皇を唯一の例外として、六人の天皇の即位時が六歳、八歳、九歳、一〇歳、一二歳、一五歳のときに院政が行なわれ、院政が終わり天皇が一人立ちするの

▼**復辟**　摂政を辞して天皇に政務を返上すること。

は一五歳、一六歳、一七歳、一八歳である。したがって一五歳をめどに天皇の一人立ち、つまり院政の終わりとなり、一五歳以下の天皇については上皇の手助けが必要であったといえそうである。これは天皇を補佐する摂政の復辟《ふくへき》▲並びに関白宣下が天皇の一五歳までに行なわれる例と共通している。

ただし女帝である明正天皇は、全期間後水尾上皇の院政が行なわれた。先に唯一の例外とした仁孝天皇に対する光格院政について、光格は天皇の在位期間も異例の長さであったが、院政についても同様に、天皇の成長を待って天皇みずからが政務をとれるまでの手助けというよりは、光格自身が院政を志向したゆえの長期間であったと解釈できよう。

ところがこれら近世の天皇の中には、院政による手助けを受けたくとも受けられなかった場合が存在している。桃園天皇が六歳から九歳の間に桜町院政が行なわれるが、桜町上皇は桃園天皇九歳のときに没したため、まだ一五歳までに間がありながら空白となっている。次の後桜町天皇は女帝であり、後見を必要としたであろうが、これまた上皇は存在していない。さらに後桃園天皇にとっても上皇が女帝であったので後見はない。上皇不在の時期にはだれが後見役をはたしたのであろうか。おそらく天皇の母である女院であったと考えられる。女院というのは女院号を与えられた女性のことで、天皇の母あるいは三后《さんこう》、内親王などのうち太上天皇《だいじょう》に準ずる待遇を与えられたもので、古代、中世に多く存在したが、近世にも女院が存在している。

次ページの系図に中和門院《ちゅうわもん》、東福門院《とうふくもん》というふうに記されているのが女院である。先述した桃園天皇や後桜町天皇や後桃園天皇の時代の女院は青綺門院《せいきもん》という二条家から入内した桜町天皇の正室である。

女院の役割は、院政が行なわれないときに、表《おもて》の機構の調整役として機能している。青綺門院の場合、ちょうど宝暦事件の時期においては、桃園天皇の神書講読が垂加《すいか》流神道解釈で行なわれていることに反対を表明している。また桃園天皇が亡くなった後、桃園院という追号を決定する際にも、当初は後称光院という案を近衛内前《うちさき》ら摂家たちは考えていたが、これに対して青綺門院は「桃園院」が桜町天皇在位中に内々に定めていたことであるという意見を述べて、桃園院と追号がなされたという事例もある。

あるいはまた一七七三(安永二)年に口向けの諸役人の不正にともなう処罰が

▼**三后**　太皇太后・皇太后・皇后のこと。

▼**太上天皇**　「だじょうてんのう」とも。天皇譲位後に宣下されることのある称号。上皇。

▼**垂加神道**　江戸時代前期に、山崎闇斎が朱子学の影響を受けて提唱した神道。尊王による秩序維持をも内容とする。

●天皇・女院系図（江戸時代）

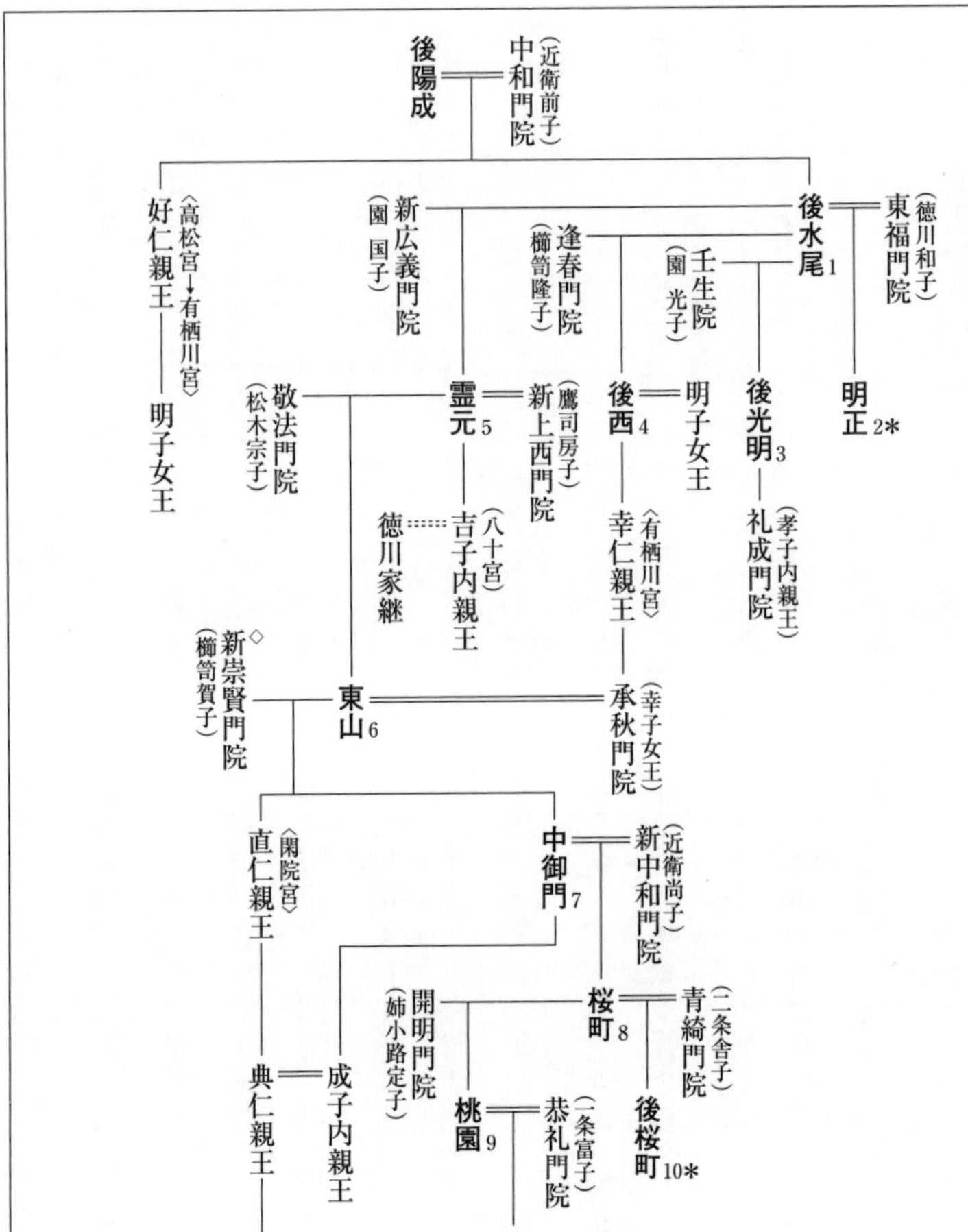
後陽成
中和門院（近衛前子）
後水尾 1
東福門院（徳川和子）
好仁親王（高松宮→有栖川宮）
明子女王
新広義門院（園 国子）
逢春門院（櫛笥隆子）
壬生院（園 光子）
明正 2＊
後光明 3
礼成門院（孝子内親王）
後西 4
明子女王
幸仁親王（有栖川宮）
承秋門院（幸子女王）
霊元 5
新上西門院（鷹司房子）
敬法門院（松木宗子）
吉子内親王（八十宮）
徳川家継
新崇賢門院◇（櫛笥賀子）
東山 6
直仁親王（閑院宮）
中御門 7
新中和門院（近衛尚子）
開明門院（姉小路定子）
桜町 8
青綺門院（二条舎子）
典仁親王
成子内親王
桃園 9
恭礼門院（一条富子）
後桜町 10＊
後桃園 11
盛化門院（近衛維子）
東京極院◇（勧修寺婧子）
光格 12
新清和院（欣子内親王）
新朔平門院（鷹司祺子）
新皇嘉門院◇（鷹司繋子）
仁孝 13
新待賢門院（正親町雅子）
徳川家茂
親子内親王（和宮）
孝明 14
英照皇太后（九条夙子）
明治
1〜14は江戸時代の天皇の即位順
＊　女帝
＝＝　嫡妻
◇　女院号追贈

行なわれ、幕府によって口向けの諸役人四人が死罪、五人が遠島になるが、その際青綺門院は死罪・遠島を許されるように助命嘆願を幕府側に伝えている。これは上皇が存在しないからこその発言である。普通の女院、例えば東福門院（徳川和子）は、一六二九（寛永六）年十一月九日に後水尾天皇譲位にともない、娘（明正）が天皇になったので、東福門院の女院号が宣下された。以後、一六七八（延宝六）年に亡くなるまで、後水尾上皇や一六四三年に譲位した明正院、そのほかの子供たちとともに、修学院離宮や岩倉など洛北を御幸し、家族とともに楽しむという場面が見られる。女院のなかでもだれもが表向きに口出しをしたわけではなく、上皇の存在しないようなごく限られた時期に女院の発言が見られたと考えられる。

公家

公家は堂上の公家と地下の官人たちに大別されるが、まず堂上の公家について触れよう。

江戸時代の公家は大きく旧家と新家にわかれる。近世に入る頃の文禄・慶長

●堂上公家数

堂上公家

摂家	5	計 133家
清華家	9	
旧家	54	
新家	65	

新家内訳

年号	家数	
文禄	1	計 65家
慶長	9	
元和	9	
寛永	16	
正保	2	
慶安	1	
万治	1	
寛文	8	
延宝	5	
天和	2	
貞享	1	
元禄	3	
宝永	5	
正徳	1	
享保	1	

「官位定条々」（一七五〇年九月二五日）より作成

期（一五九二〜一六一五）より後に新たに分家などによって興され、成立した家が新家とよばれている。前ページの表は一七五〇（寛延三）年九月二十五日の「官位定条々」（『東山御文庫記録』）によるが、これによれば摂家五家、清華家九家のほかに旧家五四家、新家六五家が存在している。清華家九家の中には、一六六三（寛文三）年に設立された広幡《ひろはた》家▲、一六七九（延宝七）年設立の醍醐《だいご》家▲が含まれるので、この二家も合わせれば六七家が近世期に生まれたことになる。また六七家のうち、寛永期までにその過半の三五家の新家が設立されている。

新家・旧家の区分のほかに公家は家格でも分けられている。最上位の摂家は近衛、九条、一条、二条、鷹司であるが、次位の清華家は九家ある。久我《こが》、三条、西園寺、徳大寺、花山院、大炊御門《おおいみかど》、今出川、そして広幡、醍醐である。大臣家は三家しかなく、中院、三条西、正親町三条《おおぎまちさんじょう》。羽林家は中山、飛鳥井、山科《やましな》など多数あり、名家も日野、広橋、柳原など多数である。

官位昇進は家格によって厳然たる差異があり、摂家であるならば十数歳で権大納言に、二〇歳過ぎで内大臣に、やがて三〇歳前に右大臣、さらに三〇歳後半で左大臣に任官し、この間位階も上昇する。

▼**広幡家**　正親町天皇の皇孫八条宮智仁《としひと》親王の第三王子である忠幸を祖とする公家。忠幸はいったん尾張徳川家の養子となった後に、一六六三（寛文三）年に新家独立。

▼**醍醐家**　一条昭良（後陽成天皇皇子）の次男冬基に一六七八（延宝六）年新家独立が認められたもの。醍醐の号は霊元天皇により与えられた。

清華家で左大臣になった事例は六家ある。花山院、三条、西園寺、徳大寺、大炊御門、醍醐で、久我、今出川、広幡の三家には左大臣になった事例がない。清華家の九家の当主の延べ人数は江戸時代で一〇〇名に達するが、そのうち一〇人だけが左大臣までを経験し、二〇人は右大臣まで、二二人は内大臣まで務めている。したがって清華家では半分の五二人が内大臣以上を務めている。

三つ目の大臣家の三家の歴代当主は延べで二六人いるが、右大臣に任官したのは二人だけ、内大臣も二人だけである。

ここで指摘できることは、摂家による三公独占の期間が多くあるなかで、時々の間隙を縫って清華家の大臣が、さらにまた希少な例として大臣家の大臣任官が見られるという状態だったことである。まして羽林家、名家は原則として権大納言がもっとも高官であり、それも四〇歳を過ぎてやっと到達する家々が多く、また新家では権大納言に至らぬ家もあったのである。

さて公家はそれぞれどうやって財政を保ったのか。公家には家領が与えられた。これは将軍が全国の土地所有権を持っているから、将軍から直接領地が与えられる。五摂家の場合、一六六五年の印知（「寛文印知▲」）によって、表のよう

▼**寛文印知**　一六六四、五（寛文四、五）年、四代将軍徳川家綱が大名・公家・寺社に一斉に領知宛行状を与えたこと。

●―公家の知行高一覧(1665年)

知行主	石高(単位:石)
近衛	1,797余
九条	2,043余
二条	1,708.8
一条	1,019余
鷹司	1,000
転法輪三条	269.5
花山院	715余
西園寺	597余
徳大寺	410.4
大炊御門	200
久我	700
菊亭	1,355.8
同内室	300
広橋	600余
同息	250
飛鳥井	928余
正親町	352.6
葉室	183
小川坊城	180
油小路	150
園	186.9余
中院	300
日野	1,103.7
四辻	200
柳原	202.6余
清閑寺	180
三条西	502.2余
阿野	478.9余
勧修寺	708
烏丸	954.5
持明院	200
松木	341.4余
中御門	200

知行主	石高
高倉	812.7余
東園	180
東坊城	301
万里小路	390.9余
小倉	150
藪	180
中山	200
六条	265余
千種	150
竹屋	180
五条	171.4余
裏松	130
平松	200
藤谷	200
水無瀬	631.5
正親町三条	200
唐橋	182.5
白川	200
船橋	400
伏原	230
倉橋	150
樋口	200
花園	150
岩倉	150
綾小路	200
堀川	180
中園	130
河鰭	150
裏辻	150
今城	181.3余
清水谷	200
大宮	130
七条	150

知行主	石高
冷泉	300
野宮	150
四条	180
難波	300
鷲尾	180
山本	150
下冷泉	150
梅園	150
西大路	100
姉小路	200
橋本	200
久世	200
高辻	200
西洞院	260
武者小路	130
日野西	200
庭田	350
櫛笥	183.6余
梅渓	150
吉田	766.9余
勘解由小路	130
富小路	200
甘露寺	200
萩原	1,000
土御門	177.6
山科	300
竹内	187.9余
藤波	172.1余
土山	125
調子	70
南都・天王寺 京都・三箇所楽人	2,000

「寛文朱印留」より作成

に近衛、九条、二条、一条、鷹司、いずれも二〇〇〇石から一〇〇〇石が宛行《あてが》われた。公家全体を通しても九条家の二〇四三石余が最高である。この五摂家以外に一〇〇〇石を越えるのは、今出川（菊亭）が一三五五石余あるのみである。その意味でも五摂家は優位であったということである。

これに対して家領を与えられない公家もいた。後水尾天皇時代に取り立てられた新家のうち一二家は三〇石三人扶持である。東久世、園池、堤、風早などであるが、その後の後西、霊元、中御門天皇時代に取り立てられた新家のうち一四家も三〇石三人扶持で、沢、穂波、錦織、大原というような家々である。当然のことながら三〇石三人扶持の公家は財政窮乏にあえぐことになる。

さて将軍から領知を給付されたということは、大名や旗本などと同様に役儀（義務）を負うことになる。公家は天皇に仕え、朝廷を構成して朝議（政務）や朝儀（儀式）を担っている。そのほかに、一六一三（慶長十八）年の「公家衆法度」で見たように、①禁裏小番とよばれる天皇の居住する禁裏を守衛する番役と、②家々の学問＝家業（家職）に励むことの二つの義務が課されていた。

禁裏小番は摂家と現官大臣、武家伝奏を除く堂上公家すべての義務であり、公家を内々衆と外様衆に大きく分けて番組編成し、昼夜二交代制で務める。夜勤はつまり宿直《とのい》である。内々衆は禁裏御所内の内々番所とよばれる天皇の寝所により近いところで勤仕し、外様衆は表にある外様番所で勤仕する。内々と外様の違いは公家の家格とは関係なく分けられていた。

一六六三年に霊元天皇が即位すると、内々衆よりもさらに天皇近くに勤仕する近習衆とよばれる小番が設けられた。従って一六六三年以降は三種類の禁裏小番が存在したことになる。

続いて二つ目の公家の役儀（義務）である家業（家職）について説明する。家業は家職とも家々の学問ともよばれ、公家の家々に世襲される職務や技能をいう。朝廷の儀式あるいは政務に関して関白・三公などが公家に諮問をする。例えばどのような装束を身に付けたらよいのか、通常のことであれば問題ないとしても、天皇や女院が亡くなって諒闇《りょうあん》▲中に神事を行なう場合の装束はいかなるものかということになると、簡単に答えは見つからない。その場合は装束を家職とする山科家や高倉家に問い合わせをして、たちどころにこれを調べさせる。あるいは神祇を司る白川家や吉田家、陰陽道の土御門家は、何か儀式を行なう場

▼**諒闇**　天皇が、父母の死により喪に服している期間。朝廷を始め真っくらな状態を示す。

●—公家の家業

<table>
<tr><th></th><th>家業</th><th>家</th></tr>
<tr><td>1</td><td>摂家</td><td rowspan="8">朝廷の公事・有職・儀式などを担う</td></tr>
<tr><td>2</td><td>親王</td></tr>
<tr><td>3</td><td>清華</td></tr>
<tr><td>4</td><td>大臣家</td></tr>
<tr><td>5</td><td>羽林家</td></tr>
<tr><td>6</td><td>名家</td></tr>
<tr><td>7</td><td>羽林名家之外</td></tr>
<tr><td>8</td><td>新家</td></tr>
<tr><td>9</td><td>神祇伯</td><td>白川，吉田</td></tr>
<tr><td>10</td><td>和歌</td><td>二条，冷泉，飛鳥井，三条西
現在は中院，阿野，水無瀬も歌家として励んでいる</td></tr>
<tr><td>11</td><td>文章博士</td><td>高辻，東坊城，五条</td></tr>
<tr><td>12</td><td>明経</td><td>舟橋</td></tr>
<tr><td>13</td><td>能書</td><td>清水谷，持明院</td></tr>
<tr><td>14</td><td>神楽</td><td>綾小路，持明院，四辻，庭田，五辻，鷲尾，藪内，滋野井</td></tr>
<tr><td>15</td><td>楽　和琴</td><td>四辻，大炊御門</td></tr>
<tr><td></td><td>琵琶</td><td>伏見，西園寺，今出川，園，綾小路</td></tr>
<tr><td></td><td>箏</td><td>四辻，正親町，綾小路，藪内</td></tr>
<tr><td></td><td>笛</td><td>大炊御門，綾小路，徳大寺，久我，三条，甘露寺，橋本</td></tr>
<tr><td></td><td>笙</td><td>花山院，清水谷，松木，四条，山科</td></tr>
<tr><td></td><td>篳篥</td><td>綾小路</td></tr>
<tr><td>16</td><td>蹴鞠</td><td>飛鳥井，難波，冷泉，綾小路
現在は冷泉，綾小路はその道断絶す，この外に賀茂の社司が蹴鞠のときに召し加えられる</td></tr>
<tr><td>17</td><td>装束</td><td>三条，大炊御門，高倉武家，山科
現在は三条，大炊御門はそのこと断絶</td></tr>
<tr><td>18</td><td>陰陽道</td><td>賀茂家は近代断絶，庶流あり
安倍家は土御門家</td></tr>
<tr><td>19</td><td>外記　史</td><td>清原，中原</td></tr>
</table>

「諸家家業」(1668年)より作成

▼公家の家業　前ページの表参照。

▼一条兼輝　一六七七（延宝五）年に右大臣となり、八二（天和二）年には左大臣近衛基熙を越えて関白に任官。越官は稀なことだが、霊元天皇の信任の厚さを物語る。

合にどういう日取りにしたらよいのか、その考え（勘文《かんもん》）を求められるので、たえずその家に蓄積されている学問あるいは技術を怠らずに学んで、朝廷の質問に答えるという義務を持っていた。

一六六八年の「諸家家業」という木版刷りの公家の案内書に、あわせて一九種類の公家の家業▲が掲げられている。この一九種類のうち一から八、具体的には一摂家、二親王、三清華、四大臣家、五羽林家、六名家、七羽林名家之外、八新家は、朝廷の公事・有職・儀式などを担う家業ともいえ、一〇〇家を越える公家が交代で関白・左大臣以下の官職について協同で担うという内容として理解することができ、九から一九までが狭義の公家の家業といえるものである。

家業に関する伝授や許状を門弟に発行し、礼金あるいは入門料を取ることは公家にとって大切な収入源となった。公家たちは自己の家業にますます磨きをかけたり、それまで家業と認知されなかったものを積極的に家業化していった。

公家の生活

右大臣一条兼輝《かねてる》▲の日記のうち、一六七九（延宝七）年の一年間を通して公家の生活を検討してみよう。まず一条兼輝はどの程度公務として参内しているのだろうか。平均すると月に三〜四回の参内が数えられるが、これに加えて、天皇の疱瘡《ほうそう》の見舞いのあった二月は一八日間、三月も一八日間を数え、日に二度参内ということもあった。六月には七回と、これも平均より多いが、これは東福門院死後の諒闇が明けるに際しての諸行事を相談するためであった。

参内する公務のほかに、日常的に公家はどんな生活をしているのか。正月から十二月三十日までを見てみると、何やら楽し気な世界があったり、どんな食事をしているのかなどがわかる。まず正月一日の元日の行事のあと、二月三日の節分には方違《かたたが》え▲を行ない、三月三日には上巳《じょうし》の祓え(桃の節句)を行なう。三月十九と二十三日には、庭の別屋において、夕饌《ゆうせん》をもうけ、客を招いて花見をしている。

四月六日には吉田社の社参を行ない、四月十三日には誕生日を祝う。四月二十六日は後のうどんとよばれる饂飩《うんどん》二箱が贈り物に遣わされている。五月五日の節句では粽《ちまき》などを食べ、また酒を飲んでいる。さらに六月十八日は庭の白蓮が盛んであるということで客を招く。六月三十日は夏越《なごし》の祓えを行なっており、

▼**方違え**　陰陽道の影響で、凶の方角を避けて別の所に移り、時には宿してから、目的の場所に移ること。

七月七日は七夕《たなばた》。現在は笹の葉に物を書くが、このときはカジ(クワ科の落葉樹)の葉に詩歌などを書いて、織女星を祭っている。

七月十四・十五日は中元の賀儀を行ない、客をもてなし、蓮の葉飯などを食べ、酒を飲んでいる。七月十六日には山々の火を見る、今の大文字焼のような送り火である。八月一日は八朔《はっさく》▲の習俗。八月十五日は庭で中秋の月見の宴をしている。八月二十三日は妻の髪剃《かみそぎ》▲を行ない、九月十八日は菩提寺である東福寺の参詣、九月二十八日には松茸狩りをしている。松茸狩りでは醍醐冬基《ふゆもと》という一条兼輝の叔父の賀茂の屋敷に集まり、そこから歩いて近くの醍醐家の持山(小丸尾山)に入り、幾百本もの松茸を得ている。山上に幕を張り毛氈《もうせん》を敷いて、赤飯とか酒、肴をもうけておのおのこれを喫したという。

続いて、十月四日には、霊元天皇から歌の書かれた懐紙を拝領したことを喜んで、親しい公家たちを招いて、その懐紙を見せて夕饌をもうけている。夕方から宴をはり、夜に入り饂飩、酒・肴を用意し、各々が数盃を傾けて酩酊し、琴や箏《そう》を聞き、また笙《しょう》を吹いて音楽の事を行なったと記されている。

十月十三日には亥子《いのこ》の賀儀がある。これは十月の上の亥日亥刻にその年の新

▼**八朔**　旧暦八月一日に、主従間や知人同士で互いに贈答する。公家でも武家でも行なわれた。

▼**髪剃**　深曾木ともよび、三～五歳に髪の端を揃えてそぐ儀式。また、鬢曾木《びんそぎ》とよばれる女子一六歳にして鬢末をそぐ、男子の元服にあたる儀式も髪剃というが、本文はこの場合にあたる。

米で亥子餅を作り食べて、以後も収穫を願うという行事で、いわば収穫祭である。一条家の上下を問わず、皆に亥子餅を渡して食べさせるということを行なっている。

十月十九日には女性たちだけで、すなわち一条兼輝の祖母及び母と妻たちが夕飯を食べて一日中遊興したとある。また十一月十日には茶壺の口切りを行なっている。またそれまで蕎麦というのは蕎麦がきで食べていたが、蕎麦切が始まり、これは大いに珍しいということで、十二月九日に調味して食べたというものもある。十二月二十一日に一年の無事を慶ぶ年忘の食事を両親とともにし、かくして十二月三十日の年越しを祝昆布などで歳末の祝いとして行ない、そして年の明ける前の戌刻には湯浴神斎して一年を終えている。

地下官人

広い意味での「公家」の中に、清涼殿《せいりょうでん》の殿上《てんじょう》の間に昇殿できる堂上公家(以下これまでと同様に公家と記す)と、昇殿できない地下の官人《かんじん》とが存在する。地下官人は朝廷の実務を支えたり、公家の家政を担ったりする人びとで、一七八七

（天明七）年の『地下次第』▲という史料には七二八名の地下官人が記されている。この中で中心を占めるのが、外記方《げきかた》▲・官方▲・蔵人方《くろうどかた》▲の官人で二三五名いる。また検非違使《けびいし》・随身《ずいじん》・内膳司《ないぜんし》・楽人《がくにん》などの地下官人は二九二名おり、この他に、世襲親王家・門跡《もんぜき》・公家の諸大夫《しょだいぶ》・坊官《ぼうかん》など二〇一名を数える。

　外記方官人の頂点には押小路大外記《おしこうじだいげき》が、官方官人の頂点には壬生《みぶ》官務が、蔵人方官人の頂点には平田出納が存在し、総轄している。三方の官人が官位叙任などを願う場合、いずれも催《もよおし》▲とよばれた総轄の三家を通さなくてはならず、種々の触回しなども三催のもとに組織化がなされていた。

　官方としての組織をもつ一方で、個々に公家に出入りし、ちょうど公家たちが五摂家と家礼の関係を結んだように、地下官人も公家との間に家礼関係を結んだ。例えば内膳司浜島家は公家の櫛笥《くしげ》家の家礼となっていた。

　七〇〇名を越える地下官人の中には、昇殿の資格はないが四位・五位の位階を持つ者もいるが、大多数は六位・七位である。そのうち六位以上を並官人、七位以下を下官人とよんで階層を分けている。下官人と町人身分とは同一人物が二役を担うことがある。

▼**地下次第**　東京大学史料編纂所押小路文書。西村慎太郎氏の教示による。

▼**外記方**　大小公事の詔書や奏文を作り、記録をつかさどる。

▼**官方**　太政官の官務を担うので官方とよばれた。

▼**蔵人方**　儀式・典礼・学問・技芸に関する行事、官位任叙の勅許とその執奏事務を行なった。

▼**催**　支配頭や取締りと同義。

④—朝幕協調の時代

幕府政策の転換

近世初頭以来続いた明・清交代(華夷変態)にともなう東アジアの戦乱状況は、一六六二年四月、かつての明の武将呉三桂《ごさんけい》により南明政権の桂王が雲南《うんなん》で滅ぼされ、明朝が滅亡したことで終結した。しかも台湾を支配していた抗清勢力の中心である鄭成功《ていせいこう》(国姓爺《こくせんや》)▲が五月に没し、これで台湾についてもひとまず安定したかに見えた。しかし、一六七三年、雲南・広東《カントン》・福建《ふくけん》の三藩に封じられた呉三桂など清の中国平定に協力した明の武将たちを、清朝(康熙帝《こうきてい》)が排除しようとして対立し、呉三桂などは反乱する形になった。有力な軍団を持つこの三藩の反乱軍は清朝を壊滅させんばかりの状況となり、その情報は日本にも伝えられた。最終的には一六八一年に三藩の乱は平定され、日本にアジアの平和の情報がもたらされた。

このような東アジアの平和、そして国内の平和を受けて、一六八三(天和三)年七月、将軍綱吉は代初めの「武家諸法度」を発布した。その第一条で、これま

▼**鄭成功**　東シナ海の海商鄭芝《ていし》竜《りゅう》と平戸の田川七左衛門の娘との間に生まれた。明再興のために日本に援軍と武具の支援を求めた。明の唐王より国姓である朱を賜ったことから国姓(性)爺とよばれた。

で「一、文武弓馬の道、専ら相たしなむべきこと」とあったものを「一、文武忠孝を励まし、礼儀をただすべきこと」と改めた。つまり武家にとって第一に重要なことは、弓馬の道にかわって忠孝と礼儀になったというものである。

国内外に平和が到来した以上、ことさら軍事的緊張を高めて将軍の持つ軍事指揮権を発動し、全領主階級に軍役を課して、将軍の絶対性を示すような権力編成の方式はもはやそぐわない状況となった。

繰り返していえば、三代将軍家光までは戦争の危機が国内外ともに現実に存在していたし、もし実際の戦争がない場合でも、一六三四(寛永十一)年の約三〇万の軍勢で行なった上洛《じょうらく》や、前後九回にわたる日光社参などはいわば大軍事演習であり、大名に軍役発動を行なうことで将軍の軍事指揮による領主階級の結集をはかったものであった。これに対して五代将軍綱吉は、将軍と大名間の主従制の安定をはかるのに、礼儀を通した上下の身分秩序維持や主君の家に対する忠義を前面に押し出したのである。実際に五代綱吉、六代家宣《いえのぶ》、七代家継は日光社参という名の軍事演習を一度も行なわなかった。

また身分制をできるだけ強化するという政策もとる。武家身分内の序列を重視し、序列の判別する儀式を多用し、その際階層の標識となる装束を制度化することで、身分序列の頂点にいる将軍を意識させるという権力編成の方式を将軍綱吉は前面に打ち出したのである。

朝廷儀式の再興

一六八〇(延宝八)年八月、後水尾法皇が死去。後水尾天皇は突然の譲位をした寛永期(一六二四〜四四)においては、幕府に対する抵抗を示した天皇として位置づけられるが、晩年は幕府と朝廷との安定した関係を続ける中心人物であった。

一六八〇年当時は、後水尾法皇の晩年(五八歳時)の子である霊元天皇▲が在位していた。霊元天皇が恣意的な治政を行なうということを、後水尾法皇は心配していた。さきに議奏のところで述べたように、霊元天皇の行動を押しとどめる重石の役割を後水尾法皇がはたしていたのだが、後水尾法皇の死去によりその重石は取れた。

法皇の死後、天皇と左大臣近衛基熙《もとひろ》▲との対立関係が顕著になった。すでに一

▼**霊元天皇画像**　写真六九ページ。

▼**近衛基熙**　一六四八〜一七二二年。後水尾院の信頼は厚かったが、霊元天皇からは疎まれた。霊元天皇の朝廷復古志向に対し、幕府との協調をはかり、関白・太政大臣になった。写真六九ページ。

▼**鷹司房輔**　霊元天皇期の摂政・関白で、左大臣は近衛基熙、右大臣は一条兼輝であった。

六七八年から八〇年ころ、近衛基熙は霊元天皇のもとでの朝廷の様子を「関白・三公、それ以下、列座相談の議、多くは関白の御下知にて徹底候事希に候」と表現している。つまり朝議の決定が関白である鷹司房輔《たかつかさふさすけ》▲の下知によって決定することがまれであること、それどころか関白・三公などが一向に了承しないことが定められることもたびたびあり、そういう際の名目として、霊元天皇の叡慮であるからとか、幕府の威光を軽んずることになるからというもので、これでは関白の職は意味をなさないものになってしまう、と近衛基熙は嘆いている。

一六八二(天和二)年、鷹司房輔が関白を辞官した後、後任には当然左大臣近衛基熙がなるべきところを、左大臣を越えて右大臣一条兼輝が任官された。これは霊元天皇とすれば、自分に対立することのあった左大臣近衛より、右大臣一条を就任させることで、天皇の独自の行動と主張を押し通すためのものと見られた。

このような越官《おっかん》という事例は江戸時代を通じてこの一例だけである。左大臣を越えて右大臣がいきなり関白になったという希有な例を見ても、霊元天皇は朝議の中心に近衛基熙が座ることをどうしても避けたかったのであろう。

霊元天皇は朝廷再興をめざした。もっとも望む再興は大嘗会《だいじょうえ》▲であった。大嘗会は次ページの表にあるように、一四六六(文正元)年、後土御門《ごつちみかど》天皇即位にともなって挙行された後、翌年の応仁の乱から戦国期を経て近世前期に至るまで、すなわち霊元天皇まで九代にわたって断絶していた。

一六八六(貞享三)年、朝廷は霊元天皇の在位が既に二〇年に達したことを理由に、東宮《とうぐう》に譲位することを申し入れ、あわせて天皇即位時の大嘗会の再興を願い出た。幕府は最初これを拒んでいたが、交渉の上結局は再興を認めた。ただし禊行幸《みそぎぎょうこう》を行なわないこと、大嘗会の費用は即位時に幕府から下行《げぎょう》▲したその範囲内で行なうという、二つの条件つきであった。

禊行幸というのは、十月下旬に天皇が賀茂の河畔に臨幸して潔斎をする、大嘗祭当日以前のもっとも壮重かつ盛大な儀式であった。しかし幕府とすれば、一六二六(寛永三)年に後水尾天皇が二条城に行幸して以来、天皇が洛中へ行幸することを火災時を除いて停止しており、大嘗祭の場合でも一貫して行幸を認めなかったのである。また霊元天皇と対立していた左大臣近衛基熙は、禊行幸

▼**大嘗会**　大嘗会の中心の神事を大嘗祭と言うが、十一月に挙行される大嘗祭をはさんで、悠紀《ゆき》、主基《すき》の国郡卜定《ぼくじょう》や豊明《とよのあかり》の節会など、前後七カ月に及ぶ一連の儀式を含めて大嘗会とよぶ。

▼**下行**　下に与えられること。幕府が費用として米を与えた。

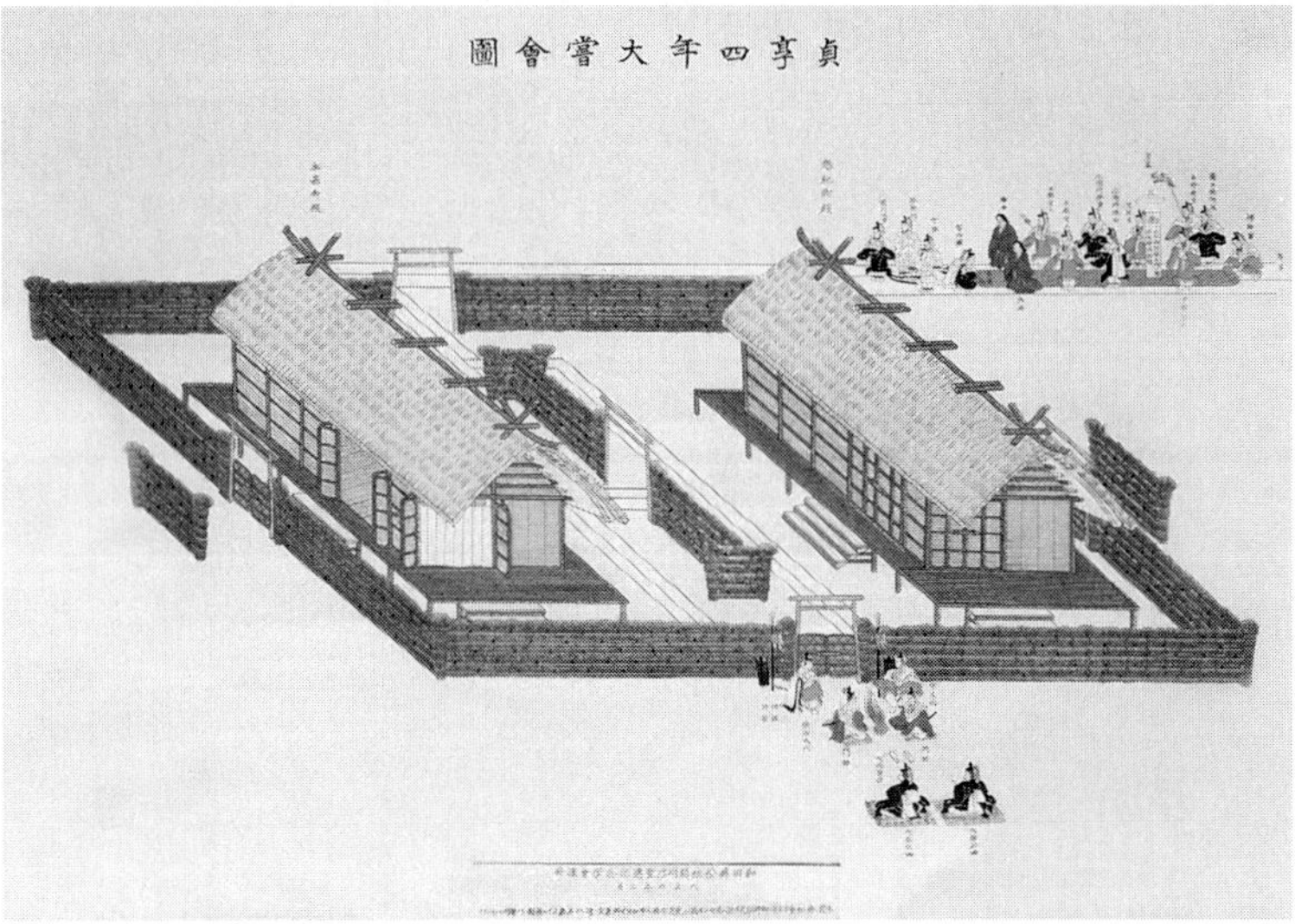

●―東山天皇即位時の大嘗会(「貞享四年大嘗会図」)

●―大嘗会の有無(15～19世紀)

天皇	践祚・受禅	大嘗会
後土御門	1464(寛正5)年	1466(文正元)年
後柏原	1500(明応9)年	無
後奈良	1526(大永6)年	無
正親町	1557(弘治3)年	無
後陽成	1586(天正14)年	無
後水尾	1611(慶長16)年	無
明正	1629(寛永6)年	無
後光明	1643(寛永20)年	無
後西	1654(承応3)年	無
霊元	1663(寛文3)年	無
東山	1687(貞享4)年	1687(貞享4)年
中御門	1709(宝永6)年	無
桜町	1735(享保20)年	1738(元文3)年
桃園	1747(延享4)年	1748(寛延元)年
後桜町	1762(宝暦12)年	1764(明和元)年
後桃園	1770(明和7)年	1771(明和8)年
光格	1779(安永8)年	1787(天明7)年
仁孝	1817(文化14)年	1818(文政元)年
孝明	1846(弘化3)年	1848(嘉永元)年
明治	1867(慶応3)年	1871(明治4)年

▼**花山院定誠**　清華家。霊元天皇の信任厚く、朝廷復古をめざすが、幕府によって排され、落髪する。

を行なわない形での大嘗会再興を「希代の珍事」と批判し、反対している。

とはいえ二二一年ぶりの大嘗会が、ここに幕府によって容認された。このことは霊元上皇の朝廷復古という意識もあるが、幕府とすれば拒むことはできたわけで、それを容認したところに幕府の儀礼重視の政策転換を読み取ることができそうである。つまり従来のように天皇・朝廷の権威を封じ込めるのではなく、朝廷儀礼などを復興させる方針に転換したわけである。一六九四(元禄七)年には賀茂の葵祭も一九二年ぶりに再興され、その年以降毎年勅使が朝廷から派遣されることになった。

これらは将軍綱吉が尊皇だったから朝儀再興があったというものではない。院政をめざした霊元上皇の手足となった武家伝奏花山院定誠《かざんいんさだのぶ》▲の参内をとめて東山天皇から引き離し、朝廷の運営は関白、武家伝奏に議奏を加えて運営するように命じている。そういうところから見ても、朝廷統制の枠組みのもとでの綱吉政権による儀式の再興であるということが理解される。

また関白の一条兼輝が辞官を申し出て、一六九〇年、霊元上皇には不快な左大臣近衛基熙の関白任官となった。近衛基熙は「朝廷の御為のことはもちろん、大樹（将軍）様御為」を念じる、朝廷と幕府の共存をはかる立場を表明している。これは霊元天皇が幕府をないがしろにし、軽んじ、朝廷復古をめざしたのとは対照的であった。

綱吉政権の後、六代の家宣政権になると、近衛基熙の影響力はさらに強くなる。近衛基熙の娘熙子は将軍家宣の御台所《みだいどころ》であった。もっとも結婚したのは家宣がまだ甲府藩主徳川綱豊《つなとよ》の時代であり、徳川綱豊が西の丸世子になり、やがて綱吉の後を継いで六代家宣になったことから、近衛基熙の姫は将軍御台所となったのである。

家宣政権は近衛基熙の子の家熙が、一七〇七（宝永四）年から一七一二（正徳二）年にかけて関白になっていて、基熙・家熙親子が朝廷内で勢力をふるっていた時代にあたる。その間の一七一〇年、霊元上皇が京都の下御霊《しもごりょう》神社▲に願文を納めた。その三ヵ条の内容を見ると、一条目は無病息災を願う。二条目は朝廷が現在暗然たる嘆かわしい状態になっているのは、「私曲邪佞《しきょくじゃねい》の悪臣」が執政となってすでに三代を重ね、恣意的なためである。早く神の力によってかの邪臣などを退け、「朝廷復古」を守ることを願うという内容になっている。この第

▼**下御霊神社**　京都市中京区にある神社で、平安時代の御霊信仰の隆盛により祀られた御霊社の一つ。霊元天皇の信仰が厚かった。

●—霊元天皇　在位1663〜1687年
1713年に剃髪して後の姿。

●—近衛基熙

●—霊元上皇願文(下御霊神社)

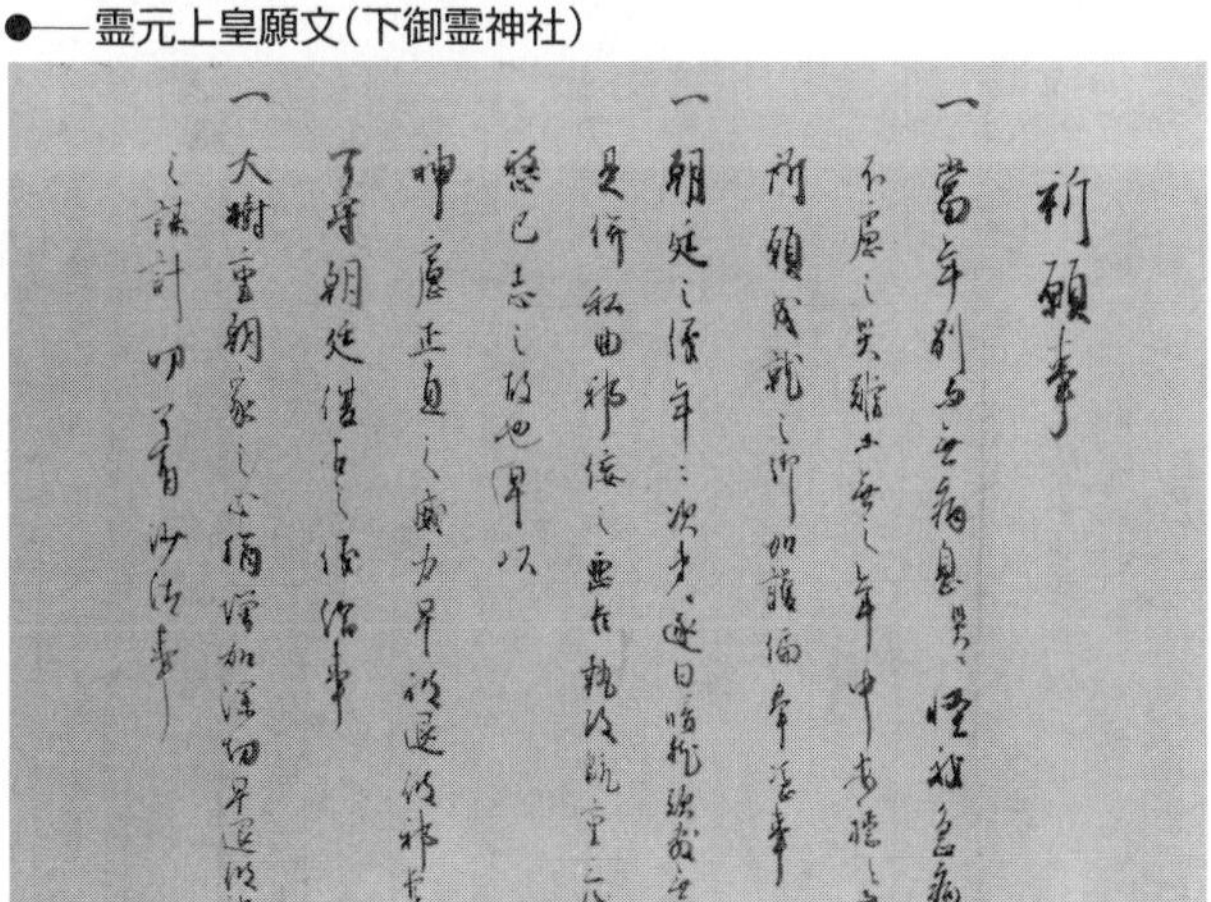

二条の「私曲邪佞の悪臣」、つまりよこしまなことを行なう悪臣というのは近衛基熙をさしていると考えられ、神の力によって近衛を排除することを願うほどに当時の近衛の威力は強かった。また三条目には、将軍の朝廷を重んずる心が深まっており、早くかの邪臣の謀計を退ける沙汰があるように願う、という内容になっている。

近衛基熙は、一七〇九年には太政大臣に任官している。公家では江戸時代初めての太政大臣である。そして、一七一〇年四月には将軍家宣によって江戸に招かれ、足かけ二年間江戸に滞在して娘や将軍とよしみを通じ、文字どおり朝幕協調を地でいく姿が見られた。

新井白石と朝廷

このような状況の中で閑院宮《かんいんのみや》家が創設される。一七〇九(宝永六)年四月、新井白石《あらいはくせき》は徳川将軍家ではこれまですでに二回も大統が断たれているという事例を挙げ、天皇家でも皇位を継ぐ親王(儲君)のほかは皇子、皇女ともに出家して門跡や尼門跡になるのでは、やがて皇統を継ぐのが危うくなる心配がある、

▼**伏見宮**　室町時代の崇光天皇皇子栄仁《よしひと》親王を祖とする。近世の宮家のなかで最も古く、以後続く。

▼**京極宮**　後陽成天皇の弟八条宮智仁《としひと》親王を祖とする。三代目を後水尾天皇皇子が継ぎ常盤井宮と称したのち、六代目を霊元天皇皇子が継いで、京極宮と称した。さらに九代目を光格天皇皇子が継いで桂宮と改称して以後続く。

▼**有栖川宮**　後陽成天皇皇子好仁親王を祖とする高松宮を、二代目に後水尾天皇皇子良仁《ながひと》親王が継いで花町宮と称す。良仁親王が後西天皇となったため、後西天皇皇子が花町宮を継いで有栖川宮と改称して以後続く。

したがってこれまでの三宮家(世襲親王家)、すなわち伏見宮▲、京極(桂)宮▲、有《あり》栖川《すがわ》宮▲に加えて新宮家設立を建言した。

この新井白石の提案に対して朝廷側も、東山上皇が皇子の秀宮《ひでのみや》(中御門天皇の弟)のために新宮家設立を希望したことから、幕府は一七一〇年八月、宮家を取り立て、御領一〇〇〇石を進献する。これが閑院宮家の創始である。ただしこれはあくまで特例であり、後の例にしないことを言明している。

このように文字どおり朝幕協調した時代状況であったが、東山天皇の後の中御門天皇の即位時には大嘗会は挙行されなかった。それというのも当時は、禊行幸の行なわれない大嘗祭に反対をしていた近衛基熙の全盛期であり、中御門天皇即位時に朝廷は大嘗会の挙行を申請しなかったためである。

一七一二(正徳二)年、六代将軍家宣が死去したが、七代になった家継は当時わずか三歳三ヵ月の幼児であった。四代家綱が一〇歳で将軍襲職したことはあるが、三歳三ヵ月の幼児では個人の判断力を持てるはずもない。将軍には個人的な権威も能力もない、弱体な将軍であるからいかに権威を補強するのか、それが新井白石らの課題となった。

●—東山天皇
在位1687〜1709年

●—中御門天皇
在位1709〜1735年

そこでそれまで以上に儀礼を重視し、身分や家格の序列を重んじる方式が一層志向される。例えば儀式の際の装束を家格ごとに色を変え、その最高の場所に将軍が位置するという形をとる。また権威を補強するために、一七一五年、幕府は将軍家継と霊元法皇の第一三番目の皇女八十宮吉子《やそのみやよしこ》内親王(当時二歳)との婚約を構想する。これまで将軍は、例えば三代家光は鷹司家の姫と結婚し、四代家綱は伏見宮の姫と、六代家宣は近衛家の姫というように、摂家あるいは宮家との婚姻はあるが、七代家継はそれ以上の皇女を初めて迎えようとした。九月一日に正式に婚約が取り交わされ、結婚は皇女八十宮が七歳になる五年後が予定された。それまでの間八十宮には五〇〇石の家領が幕府から進献されている。

しかしながらこの婚約は空しいものとなった。七代将軍家継が一七一六年四月三十日に死去したためである。皇女八十宮は結婚ははたせなかったが、五〇〇石の家領を受け続け、四五歳の生涯を生きる。

▼上米の制　一七二二(享保七)年七月、万石以上の諸大名に対して石高一万石について一〇〇石の米の上納を命じ、そのかわり参勤交代年限を半減するという制度。

吉宗政権と桜町天皇

八代将軍の吉宗は紀州から入ってきて、まず権力を確立するために国家統治権を駆使してその地位を確立し、ついで封建主従制を緩める形になるが、大名との間において上米《あげまい》の制▲をとり、参勤交代制を緩和させてまで財政再建を行なった。政権についてから十数年、一七二八(享保十三)年四月に吉宗は日光社参を六五年ぶりに行なう。日光社参というのは、先述したように将軍の軍事指揮権を発動させて武威を前面に出し、いわば諸大名との間の封建的主従制を引き締める役割をはたす。武威を示した期間、吉宗による対朝廷政策は目新しい特徴はなかった。朝廷政策において吉宗政権の個性があらわれるのは、吉宗政権の末期になってからのことである。吉宗の後継将軍となった九代家重は病気がちで柔弱な人物であったと考えられているが、恐らくはそのように将軍個人の能力が劣っても、制度的な充実をはかることによって、政権を安定的に運営させようという意図が吉宗に働いたのではないかと思われる。吉宗政権末期に国家制度の充実をはかる一方、天皇・朝廷の権威を強調させる政策も行なった。

例えば、一七三八(元文三)年十一月には桜町天皇の即位にともなう大嘗会を

●—徳川吉宗

●—桜町天皇
在位1735～1747年

挙行させる。先述のように、東山天皇のときに大嘗会が二二一年ぶりに再興された後、その皇子の中御門天皇のときには大嘗会は行なわれなかった。桜町天皇も当初は行なうつもりがなかったが、吉宗政権の側が積極的に大嘗会挙行を進めるような形で再々興されたのである。

また一七四〇年十一月には新嘗会《しんじょうえ》▲も再興される。これは二八〇年間中断していたものを、これも吉宗政権が積極的に進めたものである。

さらに一七四四(延享元)年、甲子《かっし》の革令《かくれい》の年には宇佐宮《うさぐう》、香椎宮《かしいぐう》に奉幣使《ほうへいし》を発遣している。甲子の年は十干十二支の最初の年にあたり、六〇年に一度訪れる。暦が一新することから、中国では王朝の交代や政変が発生するのではないかという不安を事前に除去するために、この年には改元を行なう。日本にもこの考え方が伝わり、そういうことが起きないように、改元とともに古代・中世において二十二社▲のうちの上七社や九州の宇佐宮、香椎宮に奉幣使を発遣し祈願した。

一七四四年、宇佐宮、香椎宮奉幣使が約四〇〇年ぶりに発遣されたが、これは朝廷側すなわち桜町天皇側がこのことを望み、その要望を幕府側が受け入れ

▼**新嘗会**　新穀などの収穫祭。十一月の卯の日に行なわれ、一八七三(明治六)年に十一月二十三日と指定され、第二次大戦後は勤労感謝の日とされた。天皇践祚後、最初の新嘗会が大嘗会となる。

▼**二十二社**　白河天皇のころに朝廷からの恒例の奉幣を受けることになった重だった二二の神社。伊勢・石清水・賀茂・松尾・平野・稲荷・春日の上七社、大原野・大神・石上・大和・広瀬・竜田・住吉の中七社、日吉・梅宮・吉田・広田・祇園・北野・丹生川上・貴布禰の下八社。

▼**一条兼香**　一条兼輝の養嗣子。実父は鷹司房輔。桜町天皇の関白、太政大臣。桃園天皇皇后は兼香の女で、後桃園天皇の母となり、のちに恭礼門院(女院)。

たもので、幕府は九州に至る山陽道などの街道宿々に向けて、勅使一行の下向の迎え入れを命じている。

このように吉宗政権末期を中心に、桜町天皇治世下の朝廷は大いに朝儀を再興することになった。一七四六年三月に関白一条兼香《かねか》▲は幕府に内慮をうかがい、桜町天皇が譲位を望んでいるということを幕府に伝える。すなわち桜町天皇の在位中は関東(吉宗政権)から事あるごとに丁寧な沙汰があったので、公事《くじ》(朝廷の政務や儀式)の再興は最近の歴代天皇をすでに越えており、天皇は大いに喜んでいる。在位二〇年以上を数えた霊元、東山、中御門院の三代に比べても、もはや再興はそれら三天皇を越えている。これ以上在位しては神慮も恐れるゆえ譲位したいという内容である。これほどに吉宗政権は桜町天皇時代の朝廷にとってありがたい、ともに協調した時代を築いたといえるものであった。

桜町天皇の譲位が認められ、その後には皇子(六歳)が即位して桃園天皇となり、同じように大嘗会を行なった。上皇となった桜町院はその後、一七五〇(寛延三)年に亡くなるが、重みのあった上皇が死去したとき、桃園天皇はまだ九歳であった。

その翌年、一七五一(宝暦元)年には徳川吉宗も死去した。大御所《おおごしょ》としての吉宗も亡くなり、あとには病弱な九代の家重が残る。将軍も天皇もいずれも弱体になった状態で宝暦期を迎えたのである。

⑤——朝幕関係の破綻

朝廷秩序の弛緩

宝暦期(一七五一～六四)に入ると朝廷秩序が弛緩する。まず上下関係の乱れが見られるようになる。例えば一七五三年五月に公家の桑原家において夜中に屋敷内に犬が入り込んだため、主人は下男を連れて犬を追い出そうとした。その際に雑掌《ざっしょう》▲の重野右兵衛《しげのうへえ》は家来であるから、主人が夜に犬を追いかけているのであれば当然自分がやらなければいけないところを、部屋で休んでいたため主人の桑原はこれをとがめ、両者は次第に口論におよんだ。午前二時ころついには雑掌の重野が刀をとったことから主人桑原と奪い合いとなり、ついに主人が雑掌の脇腹を突き差して殺害するという事件が起こった。

このような上下の乱れはほかにも見られたのだが、朝廷秩序の弛緩をもっとも顕著に示しているのが、公家の義務である禁裏小番の懈怠《けたい》であった。例えば一七五四年、このごろ病気でもないのに昼夜の禁裏小番を怠ける者が見られたり、勤番していても三味線を弾いたり相撲をとったりと、遊興をしている者も

▼雑掌　公家の家の事務をとった家司《けいし》の呼称。

いる状態を、摂政の一条道香《みちか》▲はことのほかとがめている。さらに一七六五(明和二)年には摂政、武家伝奏、議奏たちは、小番を休まなかった公家に褒美をとらせ、その逆に小番を怠けた者には官位昇進の際に反映させることを命じて、いわば飴とムチの両面から公家たちの禁裏小番を督励した。

また禁裏小番は近習、内々、外様に分かれて勤番するが、それぞれの責任者である近習番頭《ばんがしら》の花山院ら五名、内々番頭の三条ら五名、外様番頭の西園寺ら五名に摂政は二ヵ条を申し渡した。一条目は禁裏小番を昼夜怠りなく勤番させなさいということ、二条目では禁裏小番を所労と称して不参の日に、他所を徘徊して暁更におよぶ公家があったら、番頭から議奏に届け出るようにと命じたものである。いかに禁裏小番を公家が怠けており、そのことに摂家や武家伝奏たちが手をやいていたかということがよく伝わってくる。

秩序の緩みのほかに、朝廷にとって深刻な問題は公家の財政窮乏であった。公家たちも家領からの年貢米や給禄によって生活を支えているので、封建領主共通に見られた財政難に見舞われる。すなわち米の値が安くて物価が高いという状態は、とくに小禄の公家たちの窮乏を厳しくさせた。公家の中には新家と

▼**一条道香**　一条兼香の子。二四歳で左大臣になり、翌一七四六(延享三)年から一〇年余り関白となる。

よばれる江戸時代に入ってから取り立てられた公家たちがいる。後水尾天皇のときに取り立てられた新家のうち三〇石三人扶持の一二家や、同じく後西、霊元、中御門天皇時代に取り立てられた三〇石三人扶持の一四家は小禄であり、困窮がつのり幕府へ拝領金を願っている。その後、一七五三年十月十九日、「三十石三人扶持を拝領している者たちは、近年困窮が続いているが、特に昨年今年は米価が低く、収入が減ったため、勤番も行なえないほどの難渋におよんでいる。先だって家領要求の願いをしたが、まだ認められていない。当節に至っては困窮は差し迫っているので、拝借金を願いたい」というもので、これら三〇石三人扶持の新家都合二七家に一人金一〇両ずつを下されたいと武家伝奏を通して京都所司代に願い出たが、幕府側はこれを拒否している。

三〇石三人扶持の小禄の者だから困窮が激しいのかと思えばそうではなく、五摂家の一つ九条家もやはり困窮していた。九条家は一六六五(寛文五)年の知行では公家の中で最高の二〇四三石を受けているが、この知行を差し出すかわりに金二万両の拝借を幕府に願いたいと京都所司代に願書を提出している。当主の早逝が続いたこの時期の九条家の財政は窮乏に陥っており、一一人の町人が九条家の勝手向きを世話してきたが、もはやそれも立ち行かず、九条家伝来の什器なども質物に入ってしまったという。このままでは九条家の什器は巷間に流れ、何とも嘆かわしいことになる。ついては拝借金二万両を願いたいという願書の内容であった。しかしこれも幕府によって許されなかった。

このように財政窮乏したなかで、公家たちはいろいろな収入の獲得をめざした。まずは公家の家職を活用して収入をはかった。例えば吉田家であれば、全国の神社・神職の組織化を行ない、神職たちに許状を与える代わりに官金などを取り立てた。同じく白川家も吉田家に負けぬように組織化を行ない、吉田・白川家はこれ以降、末端の神社・神職の獲得競争で争うようになる。陰陽道を家職とする土御門家も全国の陰陽師の組織化を積極的に進める。あるいは蹴鞠《けまり》を家職とする公家である飛鳥井家と難波家は、蹴鞠の免許状を出すことで収入を得ていたが、免許状の発行権限をめぐって両家は争いを繰り返した。

時代が下った一八一四(文化十一)年の「諸家家業記」という史料がある。そこには摂家、神祇道、陰陽道、儒門《じゅもん》(紀伝道《きでんどう》▲、明経道《みょうぎょうどう》▲)、和歌、筆道、神楽、和《わ》琴《ごん》、琵琶、箏、蹴鞠、装束、鷹という家業が説明され、具体的な家々が記され

▼**紀伝道**　平安時代の大学における学科の一つで、「史記」など中国の歴史や漢文学を内容とする。

▼**明経道**　平安時代の大学の学科の一つで、「礼記」や「春秋左氏伝」「論語」などを教科書に学んだ。

ている。例えば鷹は西園寺・持明院と記されているが、前述の一六六八(寛文八)年の「諸家家業」の段階では鷹はない。また家々にも変化が見られる。さらに付録として、一八一四年段階になると、剣璽《けんじ》をとる作法の家として中山、庭田、包丁が四条、医道が錦小路、占筮《せんぜい》が伏原、鞍作りが山野井、相撲が五条、香が三条西、立花が園と記されている。一六六八年から一五〇年近く経過する中で、これらが新たに家業として認知されてきたのである。家職を通して公家が収入を求めたことの反映であろう。また地下の官人たちの中には京都で能の仕舞や囃子《はやし》の興行などに出て、いってみればアルバイトを行なうようなこともあり、しばしば禁じられている。

また当時、全国の末寺・檀家の帰依《きえ》により財力にゆとりのあった東・西本願寺が、一七五四年の親鸞上人《しんらんしょうにん》の五〇〇回忌に、親鸞上人に大師《だいし》号▲を朝廷より受けようとして、中山、園、高辻、土御門の四人の公家に賄賂を贈ったことが発覚し、この四名は処分を受けている。

このような宝暦期の状況の中で、摂家、武家伝奏、議奏のつくる朝廷の秩序や統制を公家や地下官人たちが乱すこともしばしばあったが、そのようなとき

▼**大師号**　中国や日本で朝廷から高僧に与えられた尊号。真言宗の空海に与えられた弘法大師のごとくで、親鸞にはその後一八七六(明治九)年になって見真《けんしん》大師の号が与えられた。

に宝暦事件が起こったのである。

宝暦事件

摂家、武家伝奏、議奏による統制に対して、中小の公家たちは財政窮乏もあって不満を持ち、禁裏小番も怠るというような状況の下、桃園天皇の近習の公家たちが禁裏小番にあたり、相撲どころか武術稽古(剣道の立合い稽古)などをしているありさまであった。これらを摂家、武家伝奏たちは公家にあるまじき行為とみとがめている。

また徳大寺公城《きんなり》の家来である神道家の竹内式部《たけのうちしきぶ》が、垂加流の神道をもって堂上の公家たちに学問を伝えていたが、一七五七(宝暦七)年、竹内式部の影響を受けた徳大寺、坊城、西洞院《にしのとういん》らが、桃園天皇に『日本書紀』神代巻(神書)を進講する。「禁中並公家諸法度」の第一条で「天子諸芸能ノ事、第一御学問なり」というその学問は、いわば中国の政治統治の書と前述したが、『日本書紀』を学ぶというのは天皇の学問としてはあってはならないものだった。

したがって関白の近衛内前《うちさき》はこの神書進講を制止させようとした。いったんは止まったが、一七五八年になると少壮の公家たちは再開の姿勢を示し、桃園天皇もまたこれを希望したので、三月二十五日に進講は再開されることとなった。この動きを見て前関白の一条兼香は右大臣の九条、内大臣の鷹司とともに関白近衛内前に詰め寄り、神書講読の停止を強く要求する。その理由は、一度関白として命じた神書講読停止の方針を、中・下級公家が天皇を戴く形でなし崩しにすることはいかがなものかという趣旨である。つまり摂家、武家伝奏、議奏らの統制に対して、天皇を戴く形の少壮公家たちがないがしろにする、このこと自体を問題にすべきだという考え方である。

そこで摂家たちは、神書講読再開を進めた正親町三条公積《きんつむ》や徳大寺らの処分をきめ、七月二日には処分が下された。処分の理由は「主上へ御馴れそい申し候いて、朝廷の権をとり候趣意に候、関白以下一列、かつ伝奏、議奏などを軽んじ、法外失礼の儀とも勝計し難く候」というものである。これらは、いずれも竹内式部の教え方がよろしからずにつきという理由で、竹内式部に対する処分を重く見るが、同時に正親町三条、徳大寺など合わせて二七人が処分された。これが宝暦事件である。

●――桃園天皇
在位1747～1762年

●――宝暦事件の処分者一覧

	人　名	官　職	処　分
1	正親町三条公積	帥大納言	両官止　永蟄居
2	徳大寺公城	権大納言 大歌所別当	止官　永蟄居
3	烏丸光胤	大納言	除近臣 止官 永蟄居
4	坊城俊逸	中納言　賀茂伝奏	〃　〃　〃
5	高野隆古	中将	〃　〃　〃
6	西洞院時名	少納言	〃　〃　〃
7	中院通維	少将　禁色	〃　〃　〃
8	勘解由小路資望	左中弁　禁色	〃　〃　〃　以上，一家親族といえども面会堅停止
9	正親町三条実同	侍従	自分遠慮
10	烏丸光祖	侍従	〃
11	高倉永秀	右兵衛督	除近臣　遠慮
12	西大路隆共	少将	〃　〃
13	町尻説望	右馬頭	〃　〃
14	今出川公言	大納言	遠慮
15	町尻説久	三位	〃
16	桜井氏福	刑部権大輔	〃
17	裏松光世	左少弁	〃
18	岩倉恒具	前中納言	自分遠慮
19	植松雅久	三位	〃
20	岩倉尚具	左兵衛佐	〃
21	東久世通積	前中納言	其儘差置
22	綾小路有美	宰相	〃
23	白川資顕	中将	〃
24	日野資枝	右中弁	〃
25	中御門俊臣	権右中弁	〃
26	冷泉為泰	新少将	〃
27	六角知通	兵部大輔	〃

『兼胤記』宝暦８年７月24日条などから作成

二つの秘喪

　さてこの桃園天皇は一七六二(宝暦十二)年、二一歳の若さで亡くなる。実際は七月十二日に死んでいるが、そのことを関白近衛内前らはひた隠しに隠し、この間ただちに関東(江戸幕府)に知らせを送り、桃園天皇の後継天皇には姉の智子《としこ》内親王に践祚させ、後桜町天皇として即位するという方針を幕府にうかがいを立てた。それでよいという返事を受けて、死後八日経った七月二十日に朝廷は、桃園天皇にもしものことがあったならば、ただちに皇子である英仁《ひでひと》親王が践祚すべきところだが、親王はまだ幼稚(四歳)のため、一〇歳ばかりになるまで桃園天皇の姉にあたる智子内親王が践祚するよう、桃園天皇の叡慮として決定したと発表する。そして翌七月二十一日に「主上、今暁寅の刻、崩御候事」と、桃園天皇が亡くなったと発表した。かくして最後の女帝となる後桜町天皇が誕生した。

　幕府に内慮を伺い、その返事をもって七月二十日の発表となったことは、関白近衛内前ら一部の者たちだけが知っていることであった。しかし秘密は漏れるもので、正親町公明《きんあき》は「東夷の飛脚を待つために秘喪」にしていたという憤りの文章を日記に記している。

しかし関白近衛内前らがとった行動は、かつて一六五四(承応三)年、後光明天皇が突然亡くなり、後西天皇を後継天皇としたときも同様に幕府にうかがいを立てており、先例に従ったものである。しかし今回は少壮の公家、正親町らの反幕府感情からの憤りも他方に存在するという状況にあったのである。

後桜町天皇は一七七〇(明和七)年に譲位して、後桃園天皇▲が受禅する。この後桃園天皇は、父の桃園天皇と同様に同じく二二歳の若さで一七七九(安永八)年十月二十九日に死去する。そこには生後九ヵ月の女一宮が残されるのみで、ここでもまた朝廷は喪を秘して、幕府に後継天皇についてうかがいを立てる。すなわち閑院宮典仁《すけひと》親王▲の六男、祐宮《さちのみや》(八歳)を後継天皇にするという江戸よりの内諾が届けられた十一月八日発表がなされ、十一月二十五日に光格《こうかく》天皇が践祚した。

光格天皇の治世になって、一七八八(天明八)年正月三日に京都大火となる。禁裏御所、仙洞《せんとう》御所、女院御所、そして二条城も焼失した。幕府の老中松平定信はそれ以前の田沼意次《おきつぐ》の政治を払拭し、江戸における天明の打ちこわしから

▼後桃園天皇画像　写真、表紙裏。

▼閑院宮典仁親王　一七三三〜九四年。閑院宮家の初代である東山天皇皇子秀宮直仁親王の王子で閑院宮二代。太上天皇号は一八八四(明治十七)年になって追贈された。

立ち直るためにも、幕府の威光を高める好機ととらえ、みずから禁裏造営総奉行に就任し、京都大火からの復興を推進した。

このとき光格天皇は禁裏御所造営に古儀再興の意欲を示している。光格天皇は新井白石の建言により創始された新興の閑院宮家から入ってきた天皇であるため、個人的な努力の意識を強くもち、朝廷復興をめざそうとした天皇である。禁裏御所造営にあたっては、裏松光世《うらまつみつよ》▲に『大内裏《だいだいり》図考証』を作成させて古儀の再興の意欲を示し、これを幕府に要求した。松平定信は幕府の威光を高める意味からこれを容認した。

そして、一七八九(寛政元)年八月には禁裏御所は上棟し、十一月にはこの新造内裏への光格天皇▲の還御がなされる。天皇の行幸は原則としては停止させられていたが、火事のときはもちろん行幸せざるを得ない。このときには聖護院《しょうごいん》門跡を仮御所としていたので、光格天皇は聖護院門跡から新たにできた内裏へ洛中を行幸して戻ってきたのである。

▼**裏松光世**　一七三六〜一八〇四年。宝暦事件に連座して三〇年間蟄居。天明大火後許され、有職故実に通じたことから、平安内裏を考証して『大内裏図考証』を著わした。

▼**光格天皇画像**　写真九五ページ。

尊号一件

一七八九(寛政元)年二月、折しも内裏造営の最中であるが、武家伝奏であった久我信通《こがのぶみち》と万里小路政房《までのこうじ》の二人は京都所司代に次のような要望をする。一品宮《いっぽんのみや》(閑院宮典仁親王)は光格天皇の実父であるので、尊号(太上《だいじょう》天皇号)の宣下をあらせられたく、天皇は年来考えてきたが、大嘗祭以前はこれを待ち、大嘗祭後の昨春に御沙汰を考えたが、京都大火のため黙止された。閑院宮は既に老年におよばれているのに、このまま親王の列にあらせられることに天皇の心は安んぜられない状態にある。であるからこの趣を所司代に伝える、という内容である。

「禁中並公家諸法度」の第二条には、「一、三公の下、親王」と規定されている。つまり摂家などがなる三大臣よりも親王は下座におかれるという座位が規定されているから、閑院宮典仁親王は光格天皇の実父でありながら、臣である三公の下におかれるという状態が生じる。このことに光格天皇は心を痛めていたので、これを解決する方法として、閑院宮典仁親王に太上天皇号を宣下することで親王の列よりも上位におくことを考え、尊号宣下を望んだのである。

▼鷹司輔平　閑院宮典仁親王の弟で、鷹司家の養子に入った。

▼一条輝良　一七五六〜九五年。一条道香の子。三二歳で左大臣になってのち一七九一(寛政三)年、三六歳で関白任官。

この内慮のうかがいを受けた幕府の老中松平定信は尊号宣下に反対する。なぜなら太上天皇号は天皇の地位についた者が冠せられる尊号であり、閑院宮典仁親王は天皇の地位についたことがないのだから、太上天皇号は宣下できないという理由であった。朝廷には関白の鷹司輔平《すけひら》▲がおり、相互に意見交換をしながら、松平定信は何とかこの尊号宣下要求を押さえ込み、閑院宮典仁一代に対して、通常御領一〇〇〇石であるところを都合三〇〇〇石の調進をするという妥協策を示している。しかし朝廷の多くの公家たちは天皇と同じ意思、すなわち尊号宣下の気持ちを持ち続けていた。

このような圧力もあったことから、一七九一年八月二十日に鷹司輔平は関白を辞官し、その後の関白には天皇の心と通じた一条輝良《てるよし》▲がなる。武家伝奏は久我信通が十一月二十三日に辞した後、桃園天皇が亡くなった際に東夷の飛脚を待つために秘喪にしたことを憤った正親町公明が武家伝奏の一人になった。この関白と武家伝奏の交代は朝廷の空気を一転させ、尊号宣下要求は再燃する。

一七九一年十二月、天皇側は参議以上の公卿四〇名に尊号宣下賛成か反対かの意見を述べさせる。反対を表明したのは前の関白鷹司輔平とその子政熙、保

●――松平定信

▼逼塞　門をとざして白昼の出入りを禁じられる刑。昼夜の出入りを禁じた閉門よりは軽い。
▼差控　出仕を禁じ、自宅に謹慎させる刑。

留をしたのは前の武家伝奏の一人久我信通と冷泉、庭田の三人で、残りの三五名は尊号宣下に賛成した。これは関白、三公、武家伝奏、議奏の一〇人余で朝議を行なうという通例を破り、公卿四〇名の意見を聴するという群議を行なって、その結果を幕府に伝えたものである。このような方法での尊号宣下の要求に対して幕府は回答を与えずにいたところ、朝廷は一七九二年九月に至り、幕府の返答にかかわらず十一月に尊号宣下を強行することを決める。つまり幕府にうかがいを立て、その同意を受けるという原則の否定である。

　これに対して松平定信は一七九二年十月四日に尊号宣下不許可を命じ、要求推進の主謀者である議奏中山愛親《なるちか》と武家伝奏正親町公明の二人を江戸に下向させて尋問する。

　その結果、一七九三年三月に処分を下し、武家伝奏の正親町は五〇日間の逼《ひっ》塞《そく》▲、もう一人の万里小路政房は三〇日間の差控《さしひかえ》▲、主謀者の議奏中山愛親は閉門《へいもん》一〇〇日間、同じく議奏の広橋伊光《これみつ》は二〇日間の差控、勧修寺と甘露寺と千種の三人の議奏はそれぞれ「屹度《きっと》相心得」というぐあいで、武家伝奏、議奏の全員を処分した。

尊号一件とよばれる事件は、松平定信の主導のもとで武家伝奏、議奏の役職にあった者を直接に処分したもので、さきの宝暦事件が関白、武家伝奏、議奏がその他の公家を処分したのとは性格を異にし、幕府が直接に力の弾圧を行なったものである。このことで、一世紀以上続いた幕府と朝廷の協調体制は終わりを告げた。朝廷内の復古派の台頭に対し、本来ならば抑制すべき武家伝奏、議奏がこともあろうに復古派勢力の先頭に立っただけでなく、群議を行なって、それまで朝幕の協調体制を支えてきた統制機構を否定した。さらには幕府に内慮をうかがって、その同意を得て行なうというシステムを、この尊号一件において朝廷側は否定しており、幕府としては力の弾圧をして、あえて統制の枠を引き締めざるを得なかったのである。

⑥—朝廷権威の浮上

光格天皇の意志

十九世紀になると国内外の諸矛盾は深まり、幕府および諸大名にとっても危機は深刻なものと認識されていく。国内的にはまずは領主財政の窮乏があり、封建的土地所有はいつの間にか地主制が進展する状況で、農村内には地主と小作の対立関係も生じ、多くの地域で一揆、村方騒動という農民闘争が起こり出していた。これがいわば内憂にあたるものであり、さらに深刻であったのが、外患とよばれる外国船による圧力が海岸に迫ってきたことである。当然、これらの内憂外患に対してはまず幕府政治が対応しなければならなかったのだが、幕府権力そのものがこのような状況の前に弱体化をさらけ出すという、政治的な不安定があらわれ出していた。

弱い幕府が相対的に朝廷権威を必要とすることになり、言い方を変えれば、朝廷側の要求にはこたえていかざるを得ないという状況をつくっていった。

とくに光格天皇は皇子の仁孝《にんこう》天皇に譲位後、院政を二三年間にわたって行な

●—光格天皇
在位1779〜1817年

●—仁孝天皇
在位1817〜1846年

い、極めて朝廷復古の意識の強い天皇であった。光格天皇あるいは光格上皇がこの当時に示した二つの事例を紹介する。一つは朝覲《ちょうきん》行幸▲再興の動きである。光格天皇が譲位した一八一七(文化十四)三月、即位した仁孝天皇の朝覲行幸の再興を望んだのである。

一六五一(慶安四)年に後光明天皇が仙洞御所の後水尾上皇に朝覲行幸を行なって以来、行幸は幕府によって事実上停止されており、大嘗祭の際の禊行幸も行なえなかった。光格上皇は仁孝天皇の朝覲行幸を一八二八(文政十一)年幕府に要求して願いを出した。幕府は一八三七(天保八)年の七月に至り、朝覲行幸を認め、かつ行幸の費用として一万両を用意するとの回答を与えた。しかし実際には行幸は行なわれなかった。光格上皇がその後病がちになり、一八四〇年には亡くなったためである。しかし行幸の許可を一旦は幕府が認めたところに、この時期の幕府の弱体ぶりが示されている。

二つ目の事例として、光格上皇の遺勅として、天皇号▲の再興が見られた。一八四〇年十一月十九日に亡くなった後、翌一八四一年閏正月、生前の功績を讃えるという意味で光格という諡号《しごう》▲が贈られ、また院号ではなく天皇号が八五〇

▼**朝覲行幸**　新天皇が父帝の御所(仙洞御所)に即位後行幸するもの。

▼**天皇号**　天皇は生前、主上や上などとよばれるが、死後はおくり名されて固有名詞が付けられ、院号とともに桃園院などとよばれた。院号にかわって天皇号が贈られるようになってからは何々天皇とよばれる。

▼**諡号**　おくり名のこと。死後に贈られた称号。天皇の生前は主上・今上と称され、死後おくり名されて何々天皇とよばれる。

年ぶりに宣下された。とくにおくり名の諡号と天皇号の組み合わせは、光孝天皇以来九五〇年ぶりの宣下ということで、再興の意味合いは大きい。すなわち死後の称号ではあるけれども、庶民から大名、将軍、天皇までいずれも院号をつけていたものが、院号から一段高まった天皇号を与え、天皇と将軍との間で天皇上位の序列を示すという効果を持たせたのである。このような光格上皇の朝廷復古の意図と、幕府もまた朝廷権威を借りようとする意図から、朝廷権威は浮上していった。

社会の動き

朝廷権威の浮上にとってもう一つ考えなければいけない重要なことは、朝廷と幕府の関係にとどまらず、江戸時代中期以降続く身分秩序の重視が、社会全体に権威を求める発想を広げることになった点である。例えば諸大名は少しでも官位が高くなるように官位昇進運動を行ない、結果的に官位を叙任する朝廷の権威を高めることになった。また神社の神職も先述の本所である吉田家と白川家の家職争論も影響して、神社の専業神主のみならず、神主よりも一段低い

▼**鍵取**　鎰取とも書く。神主や社人のいない神社で、その鍵を預かる百姓身分の者をいう。神事や祭礼は他村の専業神主に依頼するが、そのほかは鍵取が神社を管理する。

▼**御師**　伊勢・熊野をはじめとする有力神社の近隣にいて、参詣者を宿泊させ、祓えや清めなどの宗教的指導を行なう。

神職である鍵取《かぎとり》▲とか御師《おし》▲にまで免許状を出し、免許状の発行数は増加した。そういう中で神主は四位《しい》や五位の位階や相応の受領職《ずりょうしょく》を求めることになり、その結果全国の神社の神職が四位や五位になるということから、主だった二十二社の上七社の神職を中心に三位《さんみ》以上の者たちが増加した。

　さらに神社の神職だけでなく、仏教僧侶の場合も僧位・僧官を上昇させようと、末寺院の僧侶だけではなくて、檀家ぐるみで少しでも上位の僧位・僧官を求める動きが出てくる。また菓子職人など多様な職人が、藤原大掾《だいじょう》などの官名や受領を真言宗の三門跡（仁和寺《にんなじ》、大覚寺、勧修寺《かじゅうじ》）に求めるという動きも広がり、官名の背景にある権威（朝廷）の存在はますます社会に浸透していく。

　具体例を二つ追加しておこう。武蔵国秩父郡の修験道《しゅげんどう》本山派、三峰山《みつみねさん》別当観音院は一八〇九（文化六）年七月、聖護院門跡と役人のあっせんを受けて公家の花山院家の猶子《ゆうし》になる。その際、一三両二朱余の献上を行なって猶子成式、つまり公家（清華家）の養子になるという形をとって、寺院の格式を上昇させるということをはかっている。このような例はほかでも多く見られ、幕府は一七六七（明和四）年、寺院の格式上昇のために堂上公家の猶子となることを認めた上で、条目、掟に背かないように命じている。
あるいは江戸の相撲渡世《とせい》集団が、行司《ぎょうじ》の家である吉田善左衛門（追風《おいかぜ》）を筆頭に、文化期（一八〇四〜一八）以降相撲《すまい》の節会《せちえ》▲との関係を強調しながら公家の藪、五条、飛鳥井家などとのつながりを持って、肩書きにそれを示すということも行なう。このような社会のあちこちで天皇・朝廷や公家とのつながりを志向するという動きも、結果的に朝廷権威を浮上させていった。

以上、およそ十九世紀つまり一八〇〇年以降幕末にかけて、天皇・朝廷の権威はさらに浮上していったということを述べ、終わりに幕末の幕府と朝廷の地位の逆転について触れておく。

幕末の逆転

江戸幕府はこれまで述べてきたように、朝廷を統制するための枠組みを幾つも設けてきた。例えば法制的なことでいえば、天皇の出す勅許、綸旨、あるいは形式的な太政官符より幕府法度が上位であることを示したのが紫衣事件のねらいの一つであった。そのような幕府が諸外国による海岸線への圧力に対して、

▼**相撲の節会**　朝廷が毎年七月に諸国から相撲人を召して取り組ませた行事。一一七四（承安四）年を最後とする。

▼長野主膳　一八一五～六二年。名は義言《よしとき》。主膳は通称。国学者として二条家に出入りしていたところ、井伊直弼に召し抱えられ、京都の動静を直弼に伝えた。

海岸防御をするために大砲や小銃を鋳造しなければならなくなった時、諸国の寺院の梵鐘をもって大砲、小銃に鋳造すべきことを、一八五四(安政元)年十二月二十三日、朝廷より太政官符を発してもらい、五畿内七道諸国司宛に命ずる形を取った。もちろん全国触も出したが、太政官符に頼ったというこの事実は、幕府の法度が上位であるという原則の逆転の兆しを示したものといわざるを得ない。

実際に一八五八年二月、大老井伊直弼《なおすけ》の政策顧問である長野主膳《しゅぜん》▲は、この一八五四年の梵鐘の太政官符のようなことが重なれば、王道の衰えすなわち幕府の衰えにつながると井伊直弼に諫言している。長野主膳の見通しに誤りはなく、やがて勅許や宣旨が政治的意味や効果を持ち始めることになる。

幕府による朝廷統制の枠組みの一つである朝議のあり方も変化する。朝議は関白、三公、武家伝奏、議奏によるものであったが、尊号一件の際に四〇人の群議をもってこの方式を越えようとした朝廷に対して、幕府は弾圧を加え引き締め直した。しかし一八五八年三月十二日、幕府が条約調印勅許を求めたのに対し、幕府への白紙委任を三月十一日に朝議決定したところ、翌日八八人の公家が参内して反対要求を出し、さらに夜になって合わせて一〇五人が前関白鷹司邸におしかけた。さらに翌三月十三日には非蔵人《ひくろうど》▲六〇人が夜分に押しかけるということを強行した。いずれも基本的枠組みである朝議の慣行を、公家たちが数によって圧倒しようと要求したものであり、朝議の存在意義を危うくさせる状況が一八五八年に訪れている。

かくして朝議の性格が変わるのは一八六二(文久二)年の末からであった。一八六二年十二月に「国事御用掛」が設置される。それまでの朝議決定には親王は決して参加していなかったが、国事御用掛には青蓮院《しょうれんいん》宮尊融《そんゆう》入道親王、翌年に還俗《げんぞく》して中川宮朝彦《あさひこ》親王▲が国事御用掛に加わり、初めて朝議に親王が参画する。

また朝議をより広げる意味から、一八六三年二月に国事参政寄人《よりうど》の設置が認められ、下級の公家たちの朝議参画が行なわれるようになる。このように朝議の構成員は拡大し、幕初以来の性格は変質した。

ところで、閑院宮創設が特例であると先に述べたが、閑院宮を含めた四宮家以来、一八六三年に中川宮が設立され、その後、幕末、明治維新以降、宮家は続々と天皇の藩屏《はんぺい》として設立されていく。

▼**非蔵人**　非職である蔵人の見習いの意味からそうよばれた。近世では賀茂・松尾などの社家から出され、朝廷の雑事にあたった。

▼**中川宮朝彦親王**　一八二四〜九一年。伏見宮邦家親王の王子で青蓮院宮門跡となる。一八五八(安政五)年日米修好通商条約勅許に反対し、朝議に介入したことで井伊大老から弾圧を受けた。一八六四(元治元)年に賀陽宮と改称。一八六八(明治元)年親王の身分を奪われたが、七五年久邇宮を起こす。

次に武家の官位を見てみると、武家の官位は「禁中並公家諸法度」第七条で「武家の官位は、公家当官の外たるべきこと」とあるように、必ず武家の官位叙任は幕府の執奏によって行なわれ、諸大名が直接朝廷に要求して叙任を受けることはあり得なかった。これが幕府の鉄則であった。実際に一八六二年八月、島津久光《ひさみつ》に対して朝廷は従四位《じゅしい》上、中将の叙任を進めようとするが、幕府はこれを拒否し朝廷も従っている。つまり一八六二年八月段階ではまだ武家の官位については幕初以来の方式が生きているが、一八六三年正月、幕府への執奏を求めることなく、朝廷は直接長州藩主毛利敬親《たかちか》を参議に任官した。これ以降幕府の執奏独占は形骸化する。

また武家伝奏の補任については、一八六二年までは関東へこの人物を任命してよいかと内慮うかがいをして、幕府がよいといった上で武家伝奏が補任されていたが、一八六二年末から一八六七(慶応三)年の最後まで関東への内慮うかがいはすべてとられなくなり、朝廷が武家伝奏を補任し、その結果だけを幕府に知らせるようになる。

いずれも一八六二年の末から一八六三年というのが朝幕関係の逆転のターニ

●―孝明天皇の賀茂社行幸
1863(文久３)年３月、将軍として徳川家光以来230年ぶりに上洛した徳川家茂に、５日政務委任の勅許を下した孝明天皇は、11日攘夷祈願を目的に賀茂社に行幸した。実に213年ぶりの行幸は、図の鳳輦に乗る孝明天皇の後を公卿のほかに、将軍家茂や一橋慶喜以下諸大名が供奉し、それまでとは異なる天皇と将軍との関係を洛中洛外の人びとに示した。

ングポイントであったといえる。もっとも象徴的な出来事として天皇の行幸がある。先ほども触れた、後光明天皇が後水尾上皇の待つ仙洞御所への朝覲の行幸を行なった一六五一(慶安四)年二月二十五日以来、天保期(一八三〇~四四)に一度光格上皇によって朝覲行幸が要求されたが、これは実行されなかったので、実際には火事のときの還御を除いて天皇の行幸は二一三年間行なわれなかった。一八六三年三月孝明天皇は賀茂社に行幸し、四月には石清水《いわしみず》八幡宮に行幸して攘夷を祈願した。これは幕府が朝廷に奏請して、賀茂社・石清水への行幸を願い出たものであり、孝明天皇の乗る鳳輦《ほうれん》の後ろには将軍以下諸大名が供奉した。この行幸の行列は天皇による将軍への政務委任の象徴づくりをしようとしたものので、文字どおり朝幕の逆転が象徴的にあらわれたものである。

しかるに政務を委任されて四年後の一八六七年十月十四日、将軍徳川慶喜《よしのぶ》は大政を奉還した。さらに十二月九日、朝廷は王政復古を宣言するにいたる。

小川朝子「近世の幕府儀礼と三方楽所」『中近世の宗教と国家』岩田書院，1998年

④—朝幕協調の時代

高埜利彦『日本の歴史13　元禄・享保の時代』集英社，1992年
山口和夫「霊元院政について」『中近世の宗教と国家』岩田書院，1998年
辻達也編『日本の近世 2　天皇と将軍』中央公論社，1991年
武部敏夫「貞享度大嘗会の再興について」『書陵部紀要』4 号，1954年

⑤—朝幕関係の破綻

高埜利彦「後期幕藩制と天皇」『講座前近代の天皇』2 巻，青木書店，1993年
平井誠二「江戸時代の公家の流罪について」『大倉山論集』29，1991年
徳富猪一郎『近世日本国民史　松平定信時代』民友社，1927年

⑥—朝廷権威の浮上

山口和夫「職人受領の近世的展開」『日本歴史』505号，1990年
箱石大「幕末期武家官位制の改変」『日本歴史』577号，1996年
橋本政宣編『近世武家官位の研究』続群書類従完成会，1999年
井上勲『王政復古』中央公論社，1991年
高埜利彦「江戸幕府の朝廷支配」『日本史研究』319号，1989年

●—図版提供・出典一覧（敬称略，五十音順）

宮内庁書陵部　カバー表，p. 103
久保貴子（作図協力）　p. 48
國學院大學図書館　p. 66
国立歴史民俗博物館　扉
『古事類苑』帝王部　p. 43
下御霊神社（所蔵）・京都国立博物館（写真提供）　p. 69下
泉涌寺　カバー裏，p. 3，p. 41，p. 69上，p. 72，p. 75下，p. 86上，p. 95
東京大学史料編纂所　p. 15
福島県立博物館　p. 92
（財）陽明文庫　p. 69中
製図：曾根田栄夫

●―参考文献

石上英一ほか編『講座前近代の天皇』全5巻, 青木書店, 1992～95年
宮地正人『天皇制の政治史的研究』校倉書房, 1981年
高埜利彦『近世日本の国家権力と宗教』東京大学出版会, 1989年
深谷克己『近世の国家・社会と天皇』校倉書房, 1991年
久保貴子『近世の朝廷運営』岩田書院, 1998年
藤田覚『近世政治史と天皇』吉川弘文館, 1999年
下橋敬長『幕末の宮廷』平凡社東洋文庫, 1979年

①―幕府による封じ込め
高埜利彦「『禁中並公家諸法度』についての一考察」『学習院大学史料館紀要』5号, 1989年
高埜利彦「史料紹介禁中並公家諸法度(前)(後)」『歴史と地理』469・463号, 1993・94年
辻善之助『日本仏教史　第八巻近世編之二』岩波書店, 1953年
池田晃淵「後水尾天皇御譲位ノ考」『史学会雑誌』8号, 1890年
洞富雄「譲位と灸治」『日本歴史』360号, 1978年

②―朝廷の統制機構
松澤克行「近世の家礼について」『日本史研究』387号, 1994年
今江廣道「江戸時代の武家伝奏」『古記録の研究』続群書類従完成会, 1970年
大屋敷佳子「幕藩制国家における武家伝奏の機能」『論集きんせい』7・8号, 1982・83年
平井誠二「武家伝奏の補任について」『日本歴史』422号, 1983年
田中暁龍「江戸時代議奏制の成立について」『史海』(東京学芸大学史学会)34号, 1987年

③―朝廷を構成する人びと
渡辺雄俊「青綺門院と宝暦事件」『書陵部紀要』49号, 1998年
本田慧子「近世の禁裏小番について」『書陵部紀要』41号, 1990年
母利美和「禁利小番内々衆の再編」『日本史研究』277号, 1985年
梅田康夫「地下官人考」『幕藩国家の法と支配』有斐閣, 1984年

日本史リブレット36
江《え》戸《ど》幕《ばく》府《ふ》と朝《ちょう》廷《てい》

2001年5月30日　1版1刷　発行
2019年12月25日　1版10刷　発行

著者：高《たか》埜《の》利《とし》彦《ひこ》

発行者：野澤伸平

発行所：株式会社 山川出版社

〒101－0047　東京都千代田区内神田1－13－13
電話　03(3293)8131(営業)
03(3293)8135(編集)
https://www.yamakawa.co.jp/
振替　00120-9-43993

印刷所：明和印刷株式会社

製本所：株式会社 ブロケード

装幀：菊地信義

Printed in Japan ISBN 978-4-634-54360-7

日本史リブレット　第Ⅰ期［68巻］・第Ⅱ期［33巻］　全101巻

1 旧石器時代の社会と文化
2 縄文の豊かさと限界
3 弥生の村
4 古墳とその時代
5 大王と地方豪族
6 藤原京の形成
7 古代都市平城京の世界
8 古代の地方官衙と社会
9 漢字文化の成り立ちと展開
10 平安京の暮らしと行政
11 蝦夷の地と古代国家
12 受領と地方社会
13 出雲国風土記と古代遺跡
14 東アジア世界と古代の日本
15 地下から出土した文字
16 古代・中世の女性と仏教
17 古代寺院の成立と展開
18 都市平泉の遺産
19 中世に国家はあったか
20 中世の家と性
21 武家の古都、鎌倉
22 中世の天皇観
23 環境歴史学とはなにか
24 武士と荘園支配
25 中世のみちと都市
26 戦国時代、村と町のかたち
27 破産者たちの中世
28 境界をまたぐ人びと
29 石造物が語る中世職能集団
30 中世の日記の世界
31 板碑と石塔の祈り
32 中世の神と仏
33 中世社会と現代
34 秀吉の朝鮮侵略
35 町屋と町並み
36 江戸幕府と朝廷
37 キリシタン禁制と民衆の宗教
38 慶安の触書は出されたか
39 近世村人のライフサイクル
40 都市大坂と非人
41 対馬からみた日朝関係
42 琉球の王権とグスク
43 琉球と日本・中国
44 描かれた近世都市
45 武家奉公人と労働社会
46 天文方と陰陽道
47 海の道、川の道
48 近世の三大改革
49 八州廻りと博徒
50 アイヌ民族の軌跡
51 錦絵を読む
52 草山の語る近世
53 21世紀の「江戸」
54 近代歌謡の軌跡
55 日本近代漫画の誕生
56 海を渡った日本人
57 近代日本とアイヌ社会
58 スポーツと政治
59 近代化の旗手、鉄道
60 情報化と国家・企業
61 民衆宗教と国家神道
62 日本社会保険の成立
63 歴史としての環境問題
64 近代日本の海外学術調査
65 戦争と知識人
66 現代日本と沖縄
67 新安保体制下の日米関係
68 戦後補償から考える日本とアジア
69 遺跡からみた古代の駅家
70 古代の日本と加耶
71 飛鳥の宮と寺
72 古代東国の石碑
73 律令制とはなにか
74 正倉院宝物の世界
75 日宋貿易と「硫黄の道」
76 荘園絵図が語る古代・中世
77 対馬と海峡の中世史
78 中世の書物と学問
79 史料としての猫絵
80 寺社と芸能の中世
81 一揆の世界と法
82 戦国時代の天皇
83 日本史のなかの戦国時代
84 兵と農の分離
85 江戸時代のお触れ
86 江戸時代の神社
87 大名屋敷と江戸遺跡
88 近世商人と市場
89 近世鉱山をささえた人びと
90 「資源繁殖の時代」と日本の漁業
91 江戸の浄瑠璃文化
92 江戸時代の老いと看取り
93 近世の淀川治水
94 日本民俗学の開拓者たち
95 軍用地と都市・民衆
96 感染症の近代史
97 陵墓と文化財の近代
98 徳富蘇峰と大日本言論報国会
99 労働力動員と強制連行
100 科学技術政策
101 占領・復興期の日米関係